CUENTA
con el
UNIVERSO

ANGÉLICA ÁLVAREZ

CUENTA
con el
UNIVERSO

Numerología para entender tu ser,
resignificar tu pasado, dirigir tu futuro
y potenciar el amor

Ilustraciones de Céline Ramos

AGUILAR

El papel utilizado para la impresión de este libro ha sido fabricado a partir de madera procedente de bosques y plantaciones gestionadas con los más altos estándares ambientales, garantizando una explotación de los recursos sostenible con el medio ambiente y beneficiosa para las personas.

Cuenta con el Universo
Numerología para entender tu ser, resignificar tu pasado, dirigir tu futuro y potenciar el amor

Primera edición: enero, 2025

D. R. © 2025, Angélica Álvarez García

D. R. © 2025, derechos de edición mundiales en lengua castellana:
Penguin Random House Grupo Editorial, S. A. de C. V.
Blvd. Miguel de Cervantes Saavedra núm. 301, 1er piso,
colonia Granada, alcaldía Miguel Hidalgo, C. P. 11520,
Ciudad de México

penguinlibros.com

D. R. © 2025, Céline Ramos, por las ilustraciones de interiores

Penguin Random House Grupo Editorial apoya la protección del *copyright*. El *copyright* estimula la creatividad, defiende la diversidad en el ámbito de las ideas y el conocimiento, promueve la libre expresión y favorece una cultura viva. Gracias por comprar una edición autorizada de este libro y por respetar las leyes del Derecho de Autor y *copyright*. Al hacerlo está respaldando a los autores y permitiendo que PRHGE continúe publicando libros para todos los lectores.

Queda prohibido bajo las sanciones establecidas por las leyes escanear, reproducir total o parcialmente esta obra por cualquier medio o procedimiento así como la distribución de ejemplares mediante alquiler o préstamo público sin previa autorización.
Si necesita fotocopiar o escanear algún fragmento de esta obra diríjase a CemPro (Centro Mexicano de Protección y Fomento de los Derechos de Autor, https://cempro.org.mx).

ISBN: 978-607-385-319-4

Impreso en México – *Printed in Mexico*

Para esa niña de trece años que sueña
con ser escritora, mientras escribe.

Para ti, Diego.

Para ti, Carolina.

Para mí.

ÍNDICE

Introducción 11

Capítulo 1. Mi historia 17
Capítulo 2. Menú de respuestas 27
Capítulo 3. Principios básicos 39
Capítulo 4. ~~Conoce~~ reconoce tus talentos 45
Capítulo 5. Los números 59
Capítulo 6. Los números maestros 11, 22 y 33 105
Capítulo 7. ~~Predice~~ dirige tu futuro 125
Capítulo 8. ~~Compatibilidad~~ aprendizaje en pareja 157
Capítulo 9. ¿Felices para siempre? 191
Capítulo 10. El dato ~~morboso~~ misterioso de la numerología 209

Conclusión 227
Agradecimientos 229

INTRODUCCIÓN

Si la numerología pudiera adivinar números de lotería, ya me la habría ganado varias veces, y si realmente funcionaran los amarres, entonces… Mmm, no sé, podría pensar en Henry Cavill; pero la verdad es que he invertido mucho tiempo y dinero en terapia y desarrollo personal, ¡como para salir con eso!

La época en que a la numerología y otras herramientas se les consideraba brujería, adivinación y pecado, como que ya caducó. No me malinterpretes, sé que la idea de que nuestra fecha de nacimiento y nuestro nombre revele tanto acerca de nosotros y nuestra vida, suena bastante mágica en un mundo tan apegado a la ciencia y lo material. Además, con una educación ortodoxa y todas esas creencias religiosas restrictivas con las que muchos crecimos, no es tan absurdo haber sido víctima de alguno que otro mito acerca de ella; el problema es que se han generado tantos mitos que, ahora es común caer en alguno de los dos extremos: el

CUENTA CON EL UNIVERSO

del miedo que nos hace rechazarla, desconfiar y huir de ella; asumiendo que la vida tiene que ser confusa, complicada y hasta cierto punto sufrida, y el extremo de la ingenuidad o el morbo que nos hace presas fáciles de engaños y charlatanerías.

Lo cierto es que la numerología, con todo su fundamento, es una sabiduría a la que todos deberíamos aprender y tener acceso, y en un mundo ideal sería muy sano que así fuera. Si tan solo pudiéramos sacudirnos ese miedo a lo desconocido y dar rienda suelta a nuestra curiosidad para constatar la perfección del universo, tal vez podríamos recuperar esa certeza que por derecho divino nos corresponde. Certeza y curiosidad que movió a Pitágoras (el griego aquel que hasta hoy, solo conocías por el teorema que te enseñaron en la secundaria) y a civilizaciones superantiguas a descifrar la vida y el funcionamiento del mundo a través de la vibración de los números; y que se dice, fue el camino para que a psicólogos como Fritz Perls y Carl Jung, les fuera fácil adentrarse en la mente de sus pacientes y en sus procesos de vida.

Fue hace varios años, en el 2009, para ser exacta, que me topé con la numerología, le di rienda suelta a mi curiosidad y me quité la desconfianza —y uno que otro prejuicio— para ponerla a prueba. Las revelaciones me sacudieron tanto que seguí investigando, tratando de entender, aprendiendo y metiéndome muy profundo en ella. Sentí tantos beneficios y una transformación tan favorable y radical en mi vida que, hasta la fecha, sigue siendo mi mejor aliada.

La historia de ese encuentro y cómo ha sido mi trayecto junto a ella te lo cuento un poco más adelante, pero te confieso que entender la vida a través de la numerología en algún punto se volvió algo tan cotidiano para mí, que a veces daba por hecho —con

INTRODUCCIÓN

bastante arrogancia— que su uso siempre había sido demasiado simple y hasta lógico. Pero en cuanto recordaba todo lo que me había tomado a mí llegar a este punto, volvía a ser consciente de que encontrarle la vía fácil, práctica y sencilla al tema, ¡definitivamente, no era algo que se hacía de la noche a la mañana!

Pensando en ese trayecto y, sobre todo, en cómo me hubiera encantado recibirla, después de mis quince años de experiencia en ella y guiando a cientos de personas, he detectado y depurado las claves básicas para aterrizar y enfocar toda esa profunda, elevada y aparentemente complicada información, que hace que mucha gente se asuste y se agobie cuando decide meterse —*pero en serio*— a estudiarla.

De lo que primero me di cuenta fue que, entre más de 25 números que surgen de un nombre y una fecha de nacimiento, se pueden resaltar algunos que son los que dan una gran cantidad de información relevante acerca de las áreas cruciales en nuestra vida: el ser, la vocación, las relaciones y el futuro; y que con unas cuantas *sumitas* simples y operaciones fáciles, es posible encontrar muchas respuestas prácticas, útiles y totalmente terrenales, para entender y dirigir mejor nuestra vida.

Así que aunque la numerología tiene muchos enigmas, variantes y vertientes, la intención aquí es enfocarla de tal manera que te ayude a tener claras tus habilidades y talentos naturales, identificar tu labor en el mundo, evaluar y comprender tu relación con otras personas, entender y adelantarte a situaciones que podrías experimentar año tras año, detectar los momentos que te empujan a la transformación para seguir avanzando; entre otros datos y revelaciones totalmente aplicables en tu vida diaria.

CUENTA CON EL UNIVERSO

Mi intención con este libro es explicártelo todo de la forma más sencilla. Aquí no encontrarás términos complicados, ni revelaciones aburridas, ni mucho menos brujerías, adivinaciones, sentencias o pecados que nos manden —a ti y a mí— *directito* al infierno; aunque asumo que, si estás leyendo estas palabras, es porque esto último ya lo sabes.

Pero entonces, ¿cómo te contaré todo esto?

En las primeras páginas conocerás:

- Mi historia y confesiones de mi encuentro con la numerología.
- El chisme —resumido— de quién, cómo, cuándo y en qué lugares se estudió y se aplicó la numerología en un principio.
- Algunos puntos y tips importantes para que entiendas mejor la numerología y sus cálculos, y te sea fácil detectar tus números, entenderlos e interpretarlos según el área de tu vida en cuestión.

Nota: si te da *flojerita* y piensas que te voy a aburrir con mi historia y la de la numerología, te equivocas; pero si te las quieres saltar y regresar después, lo entiendo. ¡Tú te la pierdes! Pero lo que ni de chiste te puedes saltar es lo de los puntos y tips para entender cómo funciona la numerología y sus cálculos. Si te saltas esos, ya mejor ve y regálale este libro a tu prima, porque sin eso no lo vas a aprovechar e igual ni siquiera le entiendes. Así que ¡ya sabes!

INTRODUCCIÓN

Después de lo anterior, vas a encontrar el *mero mero* contenido práctico que te dará las respuestas a esos temas importantes de la vida.

- Los números para ~~conocerte~~ reconocerte.
- Los números para ~~adivinar~~ dirigir tu futuro.
- Los números para detectar tu ~~compatibilidad~~ aprendizaje de pareja.
- Dato ~~morboso~~ misterioso de la numerología.

En cada tema podrás identificar tus números, su interpretación y significado. Te daré las pistas y el contexto para unir los cabos que hayan quedado sueltos, integrar tus hallazgos, aclarar algunas dudas para que puedas aprovechar al máximo esta herramienta que, para entonces, ya tendrás en tus manos.

Te habrás dado cuenta de que este libro no es para convencer a nadie de la fiabilidad y validez de la numerología, tampoco es para quien busca la iluminación total del espíritu y hacerle la competencia al dalái lama o al *mismísimo* Jesucristo. Este libro es para quien, con una mente curiosa y abierta, ha decidido explorar esta sabiduría y desea integrarla a su vida con tal de disfrutar y fluir mejor en el día a día.

Ojo: no es un curso para que "te las sepas de todas, todas" y te formes como numerólogo; la promesa es que te quedes con una manera práctica y sencilla de aplicar la numerología en tu diario vivir. Ser capaz de encontrar tus respuestas, tener mayor certeza al tomar decisiones, entablar relaciones más sanas y dejar de pelearte contigo intentando encajar en un molde que no te acomoda; ni mucho menos, vivir a un ritmo que no es el tuyo; en cambio, hagas de ti y de tus talentos naturales, tu molde.

Eso sí, quiero que sepas que por más práctico que se ha plasmado este conocimiento, eso no le quita lo trascendental. Aquí va el dato espiritual: antes de nacer, tu alma eligió su nueva misión, empacó todas las herramientas que necesitaría en el camino y trazó el mapa que le conduciría por el sendero más amable, abundante y enriquecedor hacia su siguiente nivel de evolución. Ese sendero sigue ahí y ese mapa lo traes contigo, así que en el momento en el que decides desempolvar ese mapa y dejarte guiar por él, también estás asumiendo que tendrás la valentía para transformar y redirigir tu vida por completo, pues una vez que reconoces la voz de tu alma, no podrás dejarla de escuchar.

> *"Habiendo partido de casa, no vuelvas atrás, porque las furias serán tu compañía."*
> **PITÁGORAS**

Capítulo 1

Mi historia

LA OSCURIDAD

Recuerdo que era miércoles —mi día favorito—, estaba en pijama porque eran más de las 2 de la mañana y en el silencio de esas horas, solo escuchaba el *tiki tiki* de las teclas de mi computadora con todas las búsquedas que hacía en Google y el zumbido constante del CPU, supongo que procesando la información o por el ventilador o yo qué sé.

Mi hijo Diego estaba profunda y apaciblemente dormidito en su recámara y yo, en cambio, a pesar de haber sido bastante funcional en mis responsabilidades y rutinas durante el día, en ese fondo en el que me sumía por las noches, me sentía un fiasco y completamente miserable. No recuerdo el mes, pero sí recuerdo que era el año 2009 y mi vida estaba llena de frustraciones y fracasos desde hacía unos meses: duelo por la muerte de mi abuela, divorcio, frustración profesional, baja autoestima, soledad...

Fue en ese pozo de incertidumbre, gracias a esa sensación de vacío y un par de esas odiosas ventanas emergentes que promueven horóscopos y lecturas de tarot, que me lancé a mi primer encuentro con la *numerología*. Así, muy escéptica y todo, pero sin nada mejor que hacer y recordando que mi mamá había mencionado la palabra hacía algunos años, decidí escribirla en el buscador de internet como parte de mi rutina para distraerme un poco y, sí, evadirme de mi frustración y realidad.

Llegué a una página con alguna explicación breve y que parecía sencilla. Así que con toda la curiosidad, morbo y gusto por las matemáticas, me puse a seguir los pasos para hacer las sumas y los cálculos rápidos de mis números.

Después de checar en esa misma página el significado de mi primer número y quedar en shock al verme totalmente reflejada en la descripción, fui encontrando algunas otras páginas, con ganas de investigar y corroborar lo que había leído. La información coincidía y esos números resultaron toda una revelación acerca de mí, de mi forma de ser, de pensar, de actuar y la respuesta a muchas de esas preguntas y cuestionamientos internos que, hasta ese entonces, me hacían sentir la persona más rara y diferente del pla-

CAPÍTULO 1. *Mi historia*

neta, pero que por lo visto tenía una razón de ser y una explicación no solo energética y espiritual, sino totalmente natural y terrenal.

Los números que estaba calculando, tan solo de mi fecha de nacimiento, no solo hablaban de mi forma de ser. Mi mayor shock fue cuando vi que ese momento en mi vida o mejor dicho, ese año que para mí estaba siendo más que jodido —no tenía ni idea de qué iba a ser de mi vida—, estaba claramente señalado en mi numerología. Me acuerdo de que hasta pensé: "¡No manches, esto es del diablo!" Porque también explicaba de alguna manera mi estado mental, ese interés y esas circunstancias que me hacían estar en ese lugar, en ese momento y sintiendo ese vacío, buscando respuestas.

Pasé como dos horas investigando un poco acerca del fundamento y surgimiento de la numerología, las civilizaciones que se dejaron guiar por ella y enterándome de algunos datos bastante interesantes que me fueron sacando de mi ignorancia, y a la vez, ridiculizando cada vez más los mitos que me había comprado alrededor del tema; hasta que decidí que, a pesar de ese *rush* que sentía por seguir leyendo y hacer números con gran entusiasmo, era hora de ir a dormir o por lo menos intentarlo.

CUENTA CON EL UNIVERSO

BRUJA DE CLÓSET

A partir de ese miércoles la numerología empezó a formar parte de mi vida. Llegar a ese momento de la noche en el que me sentaba frente a la computadora para saber más y *stalkear* las fechas de nacimiento de mi familia, amigos y mis ex —sobre todo mis ex—, se convirtió en mi motivación principal para apurarme a terminar pendientes de trabajo y mis labores de mamá.

En las siguientes semanas lo que hacía era poner mucha atención para detectar —disimuladamente— fechas de nacimiento, mientras mi cabeza se entrenaba para manejar las cuentas como lo hacía el señor de la verdulería: ¡Veloz y al tiro!

Aunque vista desde afuera mi vida era la misma de siempre, pues mis rutinas eran las mismas, hacía lo de siempre, en los mismos lugares y con las mismas personas, por dentro me empezaba a sentir diferente. Volví a sentir entusiasmo, el asombro lo experimentaba a diario y esa sensación de saber descifrar un código que estaba "prohibido", pero paradójicamente a la vista de todos —cosa que daba igual porque nadie se enteraba—, me hacía sentir un extraño placer y poder.

CAPÍTULO 1. .... *Mi historia*

La *neta* nunca he sido de muchas amigas, así que tampoco es como que tenga o haya tenido una gran vida social, pero de pronto empecé a disfrutar mucho la interacción con la gente. Cuando me encontraba en una reunión y alguien mostraba algún indicio de apertura a conversaciones raras y *brujiles*, era como si me dieran siete vueltas de cuerda y me desbocaba.

No dudo que varias de esas personas hayan dicho para sus adentros —y seguro que para sus afueras también—: "Pinche chava rara", pero lo que yo recuerdo son las expresiones de asombro, curiosidad y morbo que mostraba la gente al escucharme describir rasgos de su personalidad, actitudes, pensamientos y comportamientos sin saber nada de ellas, solo su fecha de nacimiento.

El intercambio era justo. La gente me prestaba su fecha de nacimiento, yo les exponía un par de sus números, les explicaba algunas de las virtudes y habilidades naturales que les confirmaban lo que, hasta ese momento, para la mayoría solo eran sospechas. Y así después me platicaran cosas de sí mismos y de su vida, o me expresaran su asombro con un gesto o con palabras, yo me daba por bien servida.

Cuando llegaba a mi casa sentía una especie de adrenalina y satisfacción mezclada como con vergüenza que, me queda claro, era ocasionada por la vocecita del "qué dirán", pero que a la vez me daba orgullo desafiar.

La numerología se había vuelto mi placer culposo. Me había convertido en bruja ocasional y de clóset. Me sentí en ese clóset durante mucho tiempo, pero supongo que era el que necesitaba para dejar de pelearme con el "deber ser". Para intentar conciliar

CUENTA CON EL UNIVERSO

ese extraño interés con el hecho de haber obtenido en el 2004 mi título como Licenciada en Diseño Industrial por una de las universidades más prestigiosas —y costosas— de mi país. Para minimizar también la idea de haberme "quemado las pestañas" para graduarme con mención honorífica de la licenciatura y después de la especialidad en Estética del Producto. Para lidiar, además, con el temor de desperdiciar mi talento como diseñadora después de haber obtenido un premio de diseño en Alemania; pero sobre todo, con el gran dilema entre ser y hacer lo que mi familia esperaba de mí —según yo— o volcarme de lleno a esto de la "brujería" y asumir entonces la vergüenza de ser tachada de irresponsable, charlatana, loca, con todo el rechazo que esto generaría —otra vez… Según yo.

¿ME ARREPENTÍ DE HABERLE DADO TANTAS VUELTAS? DEFINITIVAMENTE, NO

El lado positivo de todas estas trabas en mi cabeza con las que tuve que lidiar, es que fueron mi mayor motivación para seguir indagando, practicando y validando cada vez más la numerología; leyendo libros y tomando cursos con diferentes enfoques, al mismo tiempo que aprendía otras herramientas intentando complementar —o tal vez enmascarar— ese camino con un enfoque más profesional. Aprendí eneagrama, heptagrama, programación neurolingüística, metafísica, psicología positiva, ley de atracción; etcétera.

En ese trayecto confirmé algo que, entre otros atributos, mis números ya me habían revelado: mi gran capacidad de análisis, estructura, aprendizaje y lo indispensable que era mantener esas

CAPÍTULO 1. .... Mi historia

prácticas en mi día a día para que todo lo demás fluyera en mi vida, incluyendo mi satisfacción personal y material. Pude observar y entender los motivos que me llevaron a esforzarme para encajar en un molde en el que no terminaba de sentirme cómoda. De pronto, me di cuenta de que con la explicación de la numerología, muchas de las heridas que había arrastrado durante toda mi vida y que me hacían sentir una víctima, habían dejado de doler. Y no solo eso, también empezaba a percibirlas como parte de mis herramientas.

Me di cuenta también de que ahora tenía claros mis límites y se había vuelto increíblemente fácil establecerlos en mí y hacia los demás; en el recuerdo de mis relaciones difíciles del pasado, aun las más tóxicas y dramáticas, la comprensión había remplazado al rencor. En las actuales, el enojo se estaba convirtiendo en compasión, y mis vínculos en general, ahora eran como mi enciclopedia de aprendizaje, la fuente principal de reconocimiento de mis tendencias y patrones de comportamiento y mi Disneylandia para comprender la interacción de las diferentes formas de ser y sus procesos.

Identifiqué acontecimientos, momentos y años clave de mi pasado; empecé a comprender situaciones de mi presente y me atreví a poner a prueba la numerología para proyectar y tratar de "adelantarme" a ver mi futuro. ¡Wow!

A esas alturas mi convicción y confianza en esta filosofía eran tan fuertes que, lamentaba no haberme topado con ella antes, y como hasta para eso la numerología me daba una clara y tranquilizadora explicación, la idea que más me incomodaba era que la gente la veía y la sigue viendo —si acaso no la ignora— como una

CUENTA CON EL UNIVERSO

práctica esotérica y adivinatoria que roza la charlatanería, en lugar de darse la oportunidad de entenderla y explorarla como lo que es: un sistema para vivir la vida y una herramienta para encontrar respuestas llenas de sabiduría que, así de profunda y espiritual, puede ser sumamente práctica y terrenal al aplicarla en el día a día.

La decisión que tanta tranquilidad me había robado, se hizo fácil y natural. Tenía que dar finalmente las gracias a mi título profesional como diseñadora industrial, para permitirme abarcar y abrazar por completo lo que ya formaba parte de mi nueva convicción.

Podría haber dicho que salí del "clóset de las brujas", pero en ese punto ya no lo sentí para nada así. Más bien fue como darme cuenta de que aquel clóset se había esfumado, y lo de llamarme "bruja", era una manera socarrona de halagar mi decisión.

LA MISIÓN

Han sido años en los que me he dedicado a compartir la numerología con mi propio enfoque y estilo, en consultas, cursos, talleres, pláticas, etcétera. Eché mano de todas mis herramientas y noté que ya eran muchas las personas curiosas del tema que empezaban a llegar a mí por recomendaciones. Embarazada y a partir del nacimiento de mi segunda "bendi", mi Carolina, que coincidió con el inicio de un nuevo ciclo en mi vida, me embarqué en el flete de crear más y mejor contenido en redes sociales, hacer colaboraciones, participar en entrevistas de radio y televisión, y en el 2023 una app mexicana me buscó para producir mi primer audiolibro. Compartir mis conocimientos abierta y generosamente, me trajo una respuesta cada vez mejor.

CAPÍTULO 1. .... *Mi historia*

Reuní —sin planearlo— una comunidad de muchos K en Instagram y en TikTok, quienes con mucho interés siguen la información y contenido que comparto, y también de vez en cuando, se chutan los amaneceres desde mi ventana, mis frases motivacionales y las fotos de mis gatos a través de mis *stories*.

Mi hija Carolina, quien ahora tiene siete años, dice que cada vez sabe más de numerología porque me escucha grabando videos, y a veces se queja de que no la dejo salir en mis *stories*. Mi hijo Diego, con dieciocho años, es el seguidor más fiel que siempre reacciona, da like a mis publicaciones y de vez en cuando, me pregunta cómo es una persona que nació en equis fecha.

Una parte de mí siente que el objetivo se ha cumplido y se siente muy satisfecha, aunque lo paradójico y a la vez desafiante en esa exposición, ha sido tener que respirar profundo y no arrancarme los pelos ante esas preguntas que de repente me siguen llegando de nuevos seguidores: "¿Haces amarres?" "¿Me puedes dar un número de lotería?", o también alguno que otro comentario, cargado de miedo al pecado como: "Dios reprenda" ¡Zas!

Como te lo confesé en la introducción, entender la vida a través de la numerología se volvió algo tan cotidiano para mí que empecé a dar por hecho que era algo demasiado simple y lógico, pero soy consciente de que encontrarle la vía fácil, práctica y sencilla al tema no ha sido de un día para otro. La realidad es que ha sido todo un viaje lleno de interrogantes, análisis, experimentación, observación y mucha reflexión y aprendizaje que me ha llenado de entusiasmo; pero sobre todo, le ha dado un fuerte sentido a mi vida por la guía y todas las respuestas que, gracias a este conocimiento, hoy puedo ofrecer a los demás.

¿Qué guía? ¿Qué respuestas? Más de las que te imaginas.

Capítulo 2

Menú de respuestas

Imagínate que te propusieras escalar una montaña, la más alta y significativa para ti, porque tiene todo lo que buscas y deseas en esta vida. Ya la has elegido y te has trazado un camino que te asegura caminar a tu ritmo y ayudarte con las herramientas que traes contigo. Sí, la montaña es gigantesca y tiene incontables senderos, pero el tuyo es justo a tu medida, en total perfección y está lleno de opciones, algunas menos amables que otras, pero no deja de ser perfecto.

CUENTA CON EL UNIVERSO

¿Qué necesitas? Un mapa, que afortunadamente traes contigo. Pero no es cualquier mapa, sino el mapa más exacto, detallado y completo que podrías tener, pues no solo te marca el camino más corto y amable a tu destino, sino los tiempos y el ritmo que te conviene llevar en cada tramo del recorrido, señalando las herramientas que debes tener a la mano para usarlas en cuanto las requieras.

Lo de la montaña es prácticamente lo que hizo tu alma antes de iniciar esta encarnación, obedeciendo al análisis que hizo de su trayectoria evolutiva hasta el momento y lo que aún necesitaba aprender.

El mapa que traes contigo está codificado en tu nombre y tu fecha de nacimiento que tu alma eligió, y ahora podemos decodificar con la ayuda de la numerología para saber, o mejor dicho, reconocer y recordar cosas como:

- Tu energía, vibración y ritmo personal. Tu personalidad y tendencias de comportamiento.
- La tendencia que marcó tu infancia, la relación con tus padres y tu aprendizaje principal.
- Tu potencial, habilidades, fortalezas, virtudes, oportunidades y lo que tienes que rescatar de tu esencia.
- Tu karma o aprendizaje pendiente y tus herramientas de vidas pasadas para superarlo y fortalecerte en esta vida.
- Tu sombra, desafíos, desequilibrios, temas a trabajar en tu forma de ser y cómo puedes usarlos a tu favor.
- Tu misión: tu rol familiar, tu lugar en el mundo y el camino que tu alma ha elegido recorrer.

CAPÍTULO 2. .... *Menú de respuestas*

- Tu vocación, inclinación profesional y lo que has venido a ofrecer al mundo.
- Las acciones que te conectan con tu propósito de vida y las cualidades que te abren paso en tu profesión.
- Etapas de evolución: tus principales lecciones de vida, tus edades de cambios y transformaciones esenciales y lo que estás invitado a enfrentar, desarrollar y aprender en cada etapa, en cada año, mes a mes, etcétera.

"¿Todo eso?" Te preguntarás. Y la respuesta es sí, todo eso.

De ahí que algo que en mi cabeza he reprochado al sistema una y otra vez es por qué en la escuela no enseñan numerología en lugar de, no sé... Geografía. Perdón si eres geógrafa o algo relacionado (que aquí entre nos, no creo que haya geógrafos leyéndome y de verdad no me ofendo, al contrario, entiendo que es parte del estigma), pero el punto es que la lección de la ubicación de los ríos no me ha servido mucho que digamos, sobre todo porque ni me acuerdo.

En cambio, creo que aprender este sistema de respuestas para la vida no le caería mal a nadie. A mí, por ejemplo, me habría servido un montón saber que, por nacer el día en que nací, tenía más tendencia a relaciones dramáticas y codependientes, que podían explicarse en gran parte porque mi fecha señala un papá ausente.

También podría haberme adelantado al hecho de que por tener un nombre que vibra con el número 5, que contrasta con mi fecha completa de nacimiento, que arroja un 7, iba a sentirme constantemente contrariada entre la libertad y el deber ser. Por otro lado, gracias a esa misma combinación energética (o sea, de números) es que tendría acceso a mi talento especial —que seña-

CUENTA CON EL UNIVERSO

la mi vocación— para la investigación, la reflexión y el análisis de cualquier tema que cuestione y rompa —con rebeldía— líneas de pensamiento y tradiciones obsoletas.

Lo que tal vez habría resultado más inspirador y revelador, sería que al conocer esos dos números desde el inicio de mi vida, habría podido vislumbrar que, justo a la edad que he alcanzado ahora, se me abrirían oportunidades para comunicar, escribir, enseñar y brillar a través de la expresión. Y aquí me tienes hoy cumpliendo con todas esas "profecías", escribiendo un libro de numerología y siendo bien feliz.

Sí, ese es el punto, que la numerología a diferencia de la geografía (perdón otra vez) y otras materias que te meten de cajón en el plan de estudios, sí te lleva, al menos con mayor garantía, a una vida feliz o mínimo a comprender asuntos de tu vida que te meten en bucles de pensamiento obsesivo y frecuentemente te roban la paz.

Qué conveniente sería que las personas pudiéramos dedicar menos energía a pelearnos con la vida y más energía a crear a partir de nuestros talentos. Cuánta armonía cabría si dejáramos de resistirnos a la transformación natural y supiéramos fluir con nuestros procesos por más incómodos que fueran. Cuánta paz y abundancia podríamos generar todos, si en lugar de ponernos el pie y arrebatarnos las cosas, cada quien ocupara ese lugar correcto y perfecto para sí y recibiera a manos llenas lo que ya le fue designado, pues hoy sabemos hacer lo que deseamos —pero lo que se quiere de veras que hasta se siente en el corazón—, eleva las probabilidades de tener éxito y dinero. También sabemos que el éxito de cualquier comunidad o sociedad se potencia cuando cada uno ocupa su lugar y mueve su propio engrane en el sistema.

CAPÍTULO 2. .... *Menú de respuestas*

No sé en qué punto empezamos a olvidar todo esto, pero sin duda las civilizaciones más sabias y antiguas lo tenían muy claro.

LA NUMEROLOGÍA, PITÁGORAS, SUS AMIGOS Y ENEMIGOS

Cuando le conté a un amigo —muy enfocado en la vida práctica y material— que estaba estudiando numerología, se rio y me dijo que dejara de inventarme cosas. "¡No sé de dónde sacas ideas tan locas!" Me dijo con condescendencia.

No soy muy fan de la historia, la verdad se me complica muchísimo, pero la historia de la numerología ¡es otro rollo! Sobre todo porque su surgimiento y desarrollo es tan enigmático como sus propias revelaciones, y además de "callarle la boca" a personas como mi amigo, la volvió más interesante aún.

¿Sabías que hay evidencia de que algunas culturas superantiguas utilizaban la numerología o algún sistema de números en sus civilizaciones? Te cuento:

CUENTA CON EL UNIVERSO

- En Mesopotamia amaban los números. Los sumerios y babilonios crearon un sistema numérico que ayudó e influyó a los interesados en la astrología. A cada letra del alfabeto le asignaban un valor numérico y así calculaban el valor de un nombre. Decían además que todos los dioses tenían números. Esto fue por el 700 a. C.

- Los egipcios también estaban muy conectados con la numerología. Creían que los números no solo eran símbolos,

CAPÍTULO 2. .... Menú de respuestas

sino fuerzas activas que podían influir en la vida cotidiana y entender el más allá; así que no solo confiaron en los números para construir sus pirámides y planear eventos importantes, sino también para tomar decisiones relevantes.

- En China, por ejemplo, se ve cómo usaron la numerología en su práctica del Feng Shui. Para ellos, los números reflejaban aspectos de la vida cotidiana, como la prosperidad, la buena fortuna y la salud; además de que influían en la creación de armonía en su entorno, el equilibrio del *chi* o energía vital.

- Lo más relevante de su historia está en Grecia antigua. Los griegos consideraron y estudiaron los números como la esencia misma del universo; la asociaron con dioses, el espíritu y otros conceptos abstractos.

De hecho, a quien se le conoce como el padre de la numerología es a Pitágoras, ese matemático griego a quien normalmente recordamos por partirnos la cabeza con eso de que "el cuadrado de la hipotenusa, es igual a la suma de los cuadrados de los catetos…" ¿What? Sí, sonaba más difícil de lo que en realidad es.

El punto es que, ese señor no era un matemático común y corriente, era un filósofo, sabio pensador, maestro piadoso, practicante del silencio, de la reflexión y un rebelde buscador de la verdad que no se conformaba con respuestas terrenales, y con todos esos atributos fundó lo que ahora llamamos la escuela Pitagórica, que es todo un movimiento filosófico y de consciencia basado en los números.

Pitágoras entendió que los números, como la música y el sonido eran conceptos superelevados que al analizarlos podían

CAPÍTULO 2. .... *Menú de respuestas*

tener todas las respuestas. Al observar y analizar los astros y sus movimientos, detectó patrones, proporciones y ritmos, y al relacionarlos con los eventos en la tierra, detectó ciclos repetitivos y predecibles. Él decía que el universo estaba construido en proporciones numéricas armoniosas y que si ponías cuerdas entre los astros y los tensabas como en un arpa, escucharías una música distinta relacionada con su proporción numérica. De ahí que a la numerología le llamó "la música de las esferas".

Hay muchísimos datos interesantes acerca de Pitágoras y su escuela, que nos ofrecen una idea bastante detallada de la profundidad y alcances de esta filosofía. Aquí te dejo algunos:

- Para probar que eras digno de recibir este conocimiento y entrar a estos grupos de estudio, tenías que completar un largo período de silencio. Se dice que podían ser hasta cinco años. ¿Te imaginas?
- Sus grupos de estudio se dividían en dos. Los que llevaban más de dos años de silencio eran los matemáticos, quienes podían observar, reflexionar y compartir hallazgos, o sea, opinar. El otro grupo era de los acusmáticos, quienes tomaban las clases detrás de una especie de cortina, pues no podían ver al maestro y estaban ahí solo para escuchar y permanecer en silencio.
- Cada mañana tenían la labor de recapitular en sus acciones del día anterior, reflexionar, reconocer sus fallos y sus aciertos. Enseguida salían a caminar en soledad y silencio por la naturaleza, y solo entonces, podían integrarse a la comunidad.

- Los pitagóricos no comían carne porque creían que las almas podíamos reencarnar en cualquier especie. O sea, era un gran riesgo comerte una vaca que contenía el alma de tu tía o un ser querido.

Al parecer, a esta figura le brotaba la sabiduría por los poros, tanto así, que muchos le consideraban un *daimon*, o sea, un ser mitad hombre y mitad dios. También se creía que el conocimiento no lo había adquirido de la manera común, sino que le había sido transmitido por seres superiores. Una de las leyendas cuenta que su hermano, a quien sus papás adoptaron al encontrarlo solo vagando por el bosque cuando era muy pequeño, era uno de estos seres superiores, pues era un *niño de las estrellas*.

Y así como su vida, su muerte está llena de leyendas y misterios. Pitágoras y sus amigos fueron señalados y perseguidos por enemigos políticos e ideológicos. Se dice que para escapar se refugió en una casa, se instaló ahí y por sus fuertes convicciones filosóficas y de reencarnación se negó a salir. De ahí surgen tres teorías: la primera es que murió de hambre, la segunda que lo encontraron y lo mataron en esa casa y la tercera dice que, la casa se incendió y justo por no querer salir, murió ahí dentro.

Una cuarta teoría que no puede descartarse es que murió de viejo, en su cama, rodeado por sus aprendices y discípulos, en santa paz y calma. A mí esa es la que más me gusta, pero al final, todo sigue siendo un misterio.

Como ves, Pitágoras es, además del matemático más conocido, una de las figuras más enigmáticas de la historia del pensamiento y la búsqueda de la verdad, pero por alguna razón solo

CAPÍTULO 2. .... *Menú de respuestas*

nos ha sido compartida una pequeña parte de su labor. También la historia de la numerología nos la han tenido muy reservada, así que entiendo que me toca abstenerme de señalar la ignorancia de mi amigo —y de millones de personas— por su condescendiente escepticismo. Lo bueno es que, aunque aún son pocas las personas que conocen la magnitud de este legado, ahora tú eres una de ellas.

Capítulo 3

Principios básicos

¿POR DÓNDE EMPEZAR PARA NO MORIR DE AGOBIO?

Estos son los puntos de partida para empezar a practicar la numerología y algunos conceptos clave para entenderla. Pon mucha atención, ¿okay?

La Numerología Pitagórica descifra principalmente dos códigos: las fechas y los nombres. Lo que descifra en ellos son sus vibraciones y de ahí los interpreta. Los números de la fecha de

CUENTA CON EL UNIVERSO

nacimiento los obtienes directamente —obvio—, para obtener los números del nombre existe una tablita que te compartiré más adelante, en donde vienen los valores numéricos de cada letra del alfabeto.

Las vibraciones que interpreta la numerología están representadas por los números del 1 al 9 únicamente, así que todos los números que arroja tu fecha de nacimiento o tu nombre, los tendremos que convertir a un solo dígito entre esos números, o sea, entre el 1 y el 9. ¿Cómo hacemos esto? Muy fácil, sumando los números entre sí y volviendo a sumarlos hasta que nos quede ese único dígito.

Por ejemplo, la vibración del número 3 es 3, y ese 3 ya se puede interpretar numerológicamente. Pero si te topas con el número 21, como tiene 2 dígitos, entonces tendrías que sumarlos entre sí para obtener su vibración, así que sumas 2 + 1 y ahí tienes también una vibración 3.

No importa cuántos dígitos y qué tan grande sea el número del que estás descifrando su vibración. Tienes que sumar, sumar y seguir sumando hasta que ya no puedas sumar más.

Por ejemplo, si tienes el número 1987 sumarías:

$$1 + 9 + 8 + 7 = 25$$

Como te quedaron dos cifras las vuelves a sumar entre sí:

$$2 + 5 = 7$$

Así que la vibración de 1987, es 7.

CAPÍTULO 3. .... *Principios básicos*

Además de las vibraciones que van del 1 al 9, hay otras que se les considera más elevadas. Me refiero a los números maestros que son los que están compuestos por un mismo dígito repetido dos veces, o sea, el 11, 22, 33, 44. Y hay aún más elevados, pero como aún estamos en pañales aprendiendo a regular nuestra vibración, aquí hablaremos hasta el 33, que podría estar aún dentro de lo alcanzable, si acaso.

La manera de identificar si tenemos números maestros es igual que con los demás números, pero poniendo mucha atención a esto: si mientras vas sumando los dígitos de un número, llegas a uno de estos, o sea, 11, 22 o 33, así lo dejas. Ya no sigues sumando porque tienes que considerar esa vibración e interpretarla como maestra.

Por ejemplo, si quieres obtener la vibración del número 29 sumas

$$2 + 9 = 11$$

Y como es un número maestro lo dejas así.

Por ejemplo, el número 1984 tiene una vibración maestra, porque

$$1 + 9 + 8 + 4 = 22$$

Así que ya no vuelves a sumar y consideras ese 22 para su interpretación. ¿Verdad que está fácil?

CONCEPTOS CLAVE

En uno de mis primeros talleres presenciales, hace muchos años, me tocó tener de alumna a la recomendada de una amiga que se inscribió un tanto por curiosidad y otro tanto por tratar de comprender su vida conflictiva. Yo la veía muy metida, haciendo números y sorprendiéndose por sus hallazgos, pero siempre en silencio. Al final del taller —prácticamente en el cierre— levantó la mano para hacer su única pregunta: "¿Entonces es verdad que mi vida es un desastre porque mis números están bien culeros?"

Perdón por mi francés —o mejor dicho el de mi alumnita—, pero solo así te podrías imaginar mi cara de sorpresa y confusión al escucharla en aquel momento.

Aunque me tomé el tiempo para sentarme con ella a revisar y atender sus inquietudes, mi pensamiento inmediato fue: "¡Algo estoy haciendo mal!" Lección aprendida y ¡no me vuelve a pasar!, así que antes de comenzar quiero hacer hincapié en los siguientes puntos:

- En numerología hablamos de que los números representan energías y vibraciones que, sin ser buenas o malas, simplemente son. Lo que hace la diferencia es la frecuencia con la que vibran, y esta puede ser alta o en equilibrio, o de manera desequilibrada y ser percibida como baja o destructiva. O sea, ¿cómo? Más sencillo: los números de una persona te van a señalar una tendencia de comportamiento, personalidad, inclinaciones; etcétera. Pero dependerá de si esta persona lo vibra en todo su esplendor y potencial; o al contrario, lo vibra en su lado más negativo o destructivo. Influyen muchos factores, sobre todo el libre albedrío y las situaciones en que se encuentre a lo largo de su vida. Esto me lleva al siguiente punto.

CAPÍTULO 3. *Principios básicos*

- No hay números mejores que otros. Todos tienen sus ventajas y su lado elevado, hermoso y envidiable; pero también su lado oscuro, molesto y no tan envidiable.
- Aunque en dos o más personas se vea el mismo o los mismos números básicos, su forma de ser o su vida en general nunca será igual, porque cada quien de acuerdo a su cultura, medio, edad, madurez, entorno familiar, oportunidades, nivel de consciencia, etcétera, regulará su energía, frecuencia y vibración como quiere o mejor dicho, como puede. Además, no nos rige un solo número, sino muchísimos, y es muy poco probable que dos personas tengan exactamente los mismos números en su fecha, nombre y apellidos; eso de que sean iguales es prácticamente imposible.
- La cultura y mandatos sociales son de los factores que más influyen en cómo se manifiesta una misma energía en hombres y mujeres. Hay números que hacen más frecuente que un hombre vibre de manera destructiva o que una mujer vibre de manera negativa.

Creo que es todo, y si hay algo más que debas tener en cuenta te lo diré sobre la marcha porque por fin ha llegado el momento de empezar a hacer números.

Recuerda que vamos a ir por partes hablando de:

- Reconocerte.
- Dirigir tu futuro.
- Tus aprendizajes de pareja.
- Los datos enigmáticos y misteriosos.

CUENTA CON EL UNIVERSO

Sé que lo del futuro suena muy tentador, al igual que los datos enigmáticos y misteriosos si eres curioso como yo. Y ni qué decir del tema de compatibilidad de pareja, pero ya bien lo dijo Shakira y yo concuerdo con ella: "Siempre supe que es mejor, cuando hay que hablar de dos, empezar por uno mismo."

¡Aquí vamos!

Capítulo 4

~~Conoce~~ reconoce tus talentos

Hablemos de la pregunta del millón: "¿Cuál es tu número?" Esta pregunta es la equivalente a cuando te preguntan tu signo zodiacal, esperando que una respuesta como: "¡Soy géminis!", pueda describir tu personalidad, comportamiento y, si es posible, tu entera existencia.

Pues no. Así como seguramente ya sabes que nuestro signo zodiacal —que la mayoría conocemos— solo nos habla de una parte de nosotros y la información se tiene que complementar observando otros datos como el ascendente y la luna, también en numerología sucede que, enfocarnos en un solo número —aunque nos diera buena información— nos dejaría supercortos para conocernos y comprender muchas de nuestras actitudes, tendencias y maneras de funcionar en distintos aspectos de la vida.

En numerología existe una especie de diagrama que se llama mapa numerológico, en el que se observan más de veinte números representando vibraciones que se combinan unas con otras para dar diferente información. Así se ve.

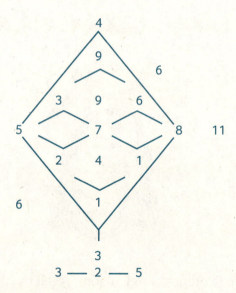

No te voy a mentir, cuando lo vi por primera vez me resultó muy intimidante, sobre todo porque también hay que considerar los números del nombre que son otros tantos. Afortunadamente, observé que las respuestas más relevantes y significativas para quien desea conocerse y encontrar su lugar en el mundo, se concentran en un par de ellos y si acaso un tercero.

CAPÍTULO 4. .... ~~Conoce~~ reconoce tus talentos

Es importante que sepas que quienes nos dedicamos a la numerología no nos hemos puesto de acuerdo para definir qué nombre usar para cada número y uniformar un poquito los términos, pero el significado y la información no se modifican, así que sin entrar en debate de términos, esos números que observé que dan la mayor y más completa información acerca de tu ser y tu lugar en el mundo son el que surge de la suma de tu fecha de nacimiento completa y el que surge de tu nombre. En este libro les llamaremos **Camino de vida y Poder del nombre**.

Ya sé que enfocarnos solo en dos números parece muy poco después de haber visto el ejemplo del mapa numerológico, pero fue justo este par de números los que me hicieron sentir completamente descifrada en mi primer encuentro con la numerología, así que créeme cuando te digo que la información que arrojan no solo es mucha, sino muy relevante, como la que se refiere a:

- Tu personalidad con fortalezas, habilidades y atrocidades.
- Las señales de alarma de tu energía.
- Tu aprendizaje en esta vida.
- Tu profesión y actividades ideales.
- Las acciones para canalizar y equilibrar tu energía.

Todo eso es lo que te contaré de ti una vez que hayas identificado tus números en este capítulo, así que ve por papel y lápiz y abre tu calculadora porque vamos a empezar.

¡Ah! pero antes debo agregar que otro de los temas de debate en numerología tiene que ver con la manera de hacer los cálculos, específicamente las sumas. Algunos dicen que la manera correcta

CUENTA CON EL UNIVERSO

es hacerlas dígito por dígito y otros suman tal como se ve la fecha. Hay quienes hacen la reducción de los números desde un principio y otros la hacen al final. La experiencia me dice que ¡todas son válidas y necesarias!, primero para corroborar nuestros resultados y segundo para detectar vibraciones maestras escondidas; por lo pronto, por practicidad y para que no te agobies, nos centraremos solo en la que te propongo a continuación, más adelante te explico con detalle todo eso, ¿va?

TU NÚMERO DE CAMINO DE VIDA

Lo vas a calcular sumando tu fecha de nacimiento completa y haciendo la reducción del resultado como te expliqué en la primera parte, o sea, sumar sus dígitos hasta que te quede uno solo. Aquí el ejemplo.

María González López nació el 21 de enero de 1992

$$21 + 1 + 1992 = 2014$$

Hace la reducción sumando:

$$2 + 0 + 1 + 4 = 7$$

El número de camino de vida de María es 7.

Te pongo el ejemplo de Juan Carlos Garza Moreno, que nació el 5 de octubre de 1991. Él haría lo siguiente:

CAPÍTULO 4. .... *Conoce reconoce tus talentos*

$$5 + 10 + 1991 = 2006$$
$$2 + 0 + 0 + 6 = 8$$

Su número de camino de vida es 8.

Escanea este código QR
para ver un tutorial de este cálculo.

¿Ya tienes el tuyo? Asegúrate de recordarlo a la hora de leer los significados.

TU NÚMERO DEL NOMBRE

Ahora apelaremos a tu lado más paciente para identificar tu número del nombre.

Para hacerlo usaremos tu nombre completo, exactamente como aparece en tu registro de nacimiento o identificación oficial. Si te lo cambiaste en algún momento por adopción, matrimonio, gusto, berrinche o circunstancias de la vida, puedes elegir el más reciente o vigente; pero mi sugerencia es que hagas el cálculo de los dos.

Escríbelo procurando dejar suficiente espacio entre las letras, ya que enseguida asignaremos un valor numérico a cada letra —basándonos en la tabla que te dejo por aquí— para después sumarlos todos y hacer la reducción.

CUENTA CON EL UNIVERSO

TABLA DE VALORES DE LAS LETRAS

1	2	3	4	5	6	7	8	9
a	b	c	d	e	f	g	h	i
j	k (11)	l	m	n/ñ	o	p	q	r
s	t	u	v (22)	w	x	y	z	♥

Toma en cuenta que las letras k y v, al ser la número 11 y 22 del abecedario, se mantienen con estos valores como vibración de acuerdo con la regla de los números maestros. O sea que si tu nombre tiene una de estas letras —k o v— la sumas como 11 o 22 respectivamente.

Entonces: María González López lo haría así:

```
M A R I A  G O N Z A L E Z  L O P E Z
4+1+9+9+1+ 7+6+5+8+1+3+5+8+ 3+6+7+5+8 = 96
```

9 + 6 = 15

1 + 5 = 6

Juan Carlos Garza Moreno identificaría su número del nombre así:

```
J U A N  C A R L O S  G A R Z A  M O R E N O
1+3+1+5+ 3+1+9+3+6+1+ 7+1+9+8+1+ 4+6+9+5+5+6 = 94
```

9 + 4 = 13

1 + 3 = 4

CAPÍTULO 4. .... *Conoce reconoce tus talentos*

Escanea este código QR
para ver un tutorial de este cálculo.

Sí, sé que esta parte del nombre es "laborioso" y muy sencillo a la vez porque como te habrás dado cuenta, lo único que requiere es paciencia.

Ahora que tienes estos dos números es buen momento para repasar los números maestros y checar si en tus cálculos anteriores surgió alguno.

Recuerda que si, al hacer las reducciones en cualquiera de los casos, te topas con el número 11, 22 o 33 lo dejas así, ya que el significado varía.

Aquí te dejo unos ejemplos de números maestros en los cálculos que acabamos de hacer.

Gustavo Sánchez Gil tiene poder del nombre 11 porque:

G	U	S	T	A	V	O	S	A	N	C	H	E	Z	G	I	L
7	3	1	2	1	22	6	1	1	5	3	8	5	8	7	9	3

= 92

9 + 2 = (11)

CUENTA CON EL UNIVERSO

¿Ya tienes tus dos números? Ahora te cuento qué onda con cada uno para que antes de darte la información y el significado de cada número, sepas cómo enfocarlos.

¿SER O HACER?

Cuando naciste y aún antes, tu existencia fue validada por tus papás, familia, amigos de tu familia, etcétera. Así que desde tu primer instante de vida ocupaste un lugar dispuesto para ti, pues aunque tu familia no tenía detalle de tu apariencia, ni idea de tu labor en este mundo, para ellos ya existías y punto. Ese lugar fue reflejado por tu fecha de nacimiento independientemente de que tuvieras un nombre definido o no. Sin embargo, no podías ir por la vida identificándote solo con tu fecha de nacimiento, que además era igual a la de muchas otras personas. Necesitabas una carta de presentación que validara tu existencia hacia el resto del mundo y con ese propósito te fue asignado un nombre, naturalmente con tus apellidos correspondientes que reflejan tu origen y el respaldo de tus ancestros. Te cuento esto por lo siguiente:

En teoría, los números que surgen de nuestra fecha de nacimiento nos dan la información que necesitamos acerca de nuestro SER: vida personal, vínculos y roles familiares, desarrollo interior, la manera como nos perciben nuestros seres más cercanos; etcétera.

Por otro lado, se dice que el poder del nombre es el que más información nos da acerca de nuestro HACER: habilidades profesionales, búsqueda social, nuestra aportación al mundo, las herramientas que nos abren paso en el mundo laboral y productivo,

CAPÍTULO 4. .... *Conoce reconoce tus talentos*

y la manera en que nos perciben las personas más allá de nuestro círculo familiar y social cercano.

De repente esto empezó a sonar lógico, ¿verdad? Y, aun así, hay que tener en cuenta que aunque cada código parece estar enfocado a una determinada parte de nuestra existencia, en el ser o el hacer, ambos reflejan energías que vibran constantemente en nosotros, combinándose y si acaso tomando protagonismo por turnos; pero siempre vinculadas, influyendo la una en la otra y viceversa, estemos en casa, en el trabajo o en cualquier contexto.

Por cierto, el dato místico y curioso aquí es que ambos códigos, fecha de nacimiento y nombre, fueron cuidadosamente elegidos por nuestra alma antes de reencarnar, con la sabia intención de dirigir nuestra evolución.

Pero bueno, con tal de que, una vez que identifiques tus números y empieces a leer las descripciones, puedas entender mejor su energía, te quiero contar un poco más del enfoque que les puedes dar.

De acuerdo con la explicación anterior, tu número de camino de vida te puede dar muchas respuestas acerca de tu forma de ser y tu manera de comportarte a nivel personal, tu tendencia de desarrollo interior, la dirección de tu camino y búsqueda como individuo. Habla de tu rol familiar, las creencias culturales con las que creciste, inclinaciones y preferencias, maneras de ver la vida y los retos personales más comunes que podrías enfrentar conforme avanzas en la vida.

Tu número del nombre, por otro lado, suele reflejar más esa personalidad hacia el resto del mundo y ser una "tipo carta de presentación" que te abre puertas en tu camino profesional, laboral, ocupacional y todos los caminos que te lleven a aportar algo a tu comunidad.

Pero aquí es importante que tomes en cuenta que, tanto tu número del nombre como el de tu camino de vida, te dan una mega clave para que te vaya bien en todas las áreas de tu vida: personal, familiar, de pareja y profesional; pues al representar una de las cargas energéticas más fuertes en ti, las tendencias espontáneas y naturales que señalan son las que tienes que buscar canalizar y dirigir con intención y conscientemente. No hacerlo, no solo te alejaría de tu realización y te llevaría a una sensación de apatía e insatisfacción en tu vida, sino que provocaría que tu energía reprimida, por lo general durante la mayor parte del día y ante ambientes socialmente controlados, saliera de manera abrupta y destructiva en tus tiempos y espacios personales y familiares, lastimando a las personas que más amas y afectando tus relaciones, incluyendo la que tienes contigo. O sea, te volverías candil de la calle y oscuridad de tu casa.

La siguiente es una escena frecuente al dar mis consultas y me da la oportunidad de explicar lo que te acabo de contar.

—¡Okay! —le digo a la consultante llena de números con energía masculina— entonces estás teniendo problemas con tu esposo e hijos, sobre todo, porque se quejan de que eres "muy mandona".

—Así es —responde la *mujerona* con cara de frustración.

—Efectivamente, la energía de tu nombre es muy fuerte, determinada, de liderazgo y enfocada no solo a la estrategia, sino a la acción. Tienes mucha visión y ambición. La energía de tu camino de vida, aunque es generosa y te ayuda a hacer más contacto con tus emociones, también es fuerte, idealista y señala tu necesidad de atención y reconocimiento. ¿A qué te dedicas?

CAPÍTULO 4. .... ~~Conoce~~ reconoce tus talentos

—Trabajo desde casa llevando contabilidades —responde y me cuenta un poco de sus rutinas.

Me doy cuenta de que no cumplen ni en 20 % la checklist de las acciones que requiere su energía predominante para ser canalizada, así que tomo aire y me lleno de entusiasmo por lo que estoy a punto de revelarle, entendiendo perfectamente la raíz del problema: ¡¿Cómo no va a andar de controladora con su familia, esta mujer, si su energía de fuerza, dirección, visión, poder de mando, competencia, autoridad, idealismo, reconocimiento, etcétera, no tiene un vehículo u objeto adecuado para ser canalizada con toda su potencia?!

Le explico la naturaleza de sus números y le cuento de la propuesta de su energía, su flujo y ritmo natural, y cómo le pide su ser llevarla a cabo. Su semblante se transforma.

La numerología le acaba de dar esa respuesta que la llena de claridad y calma, pero sobre todo le da la tranquilidad de saber que, aunque su familia no estaba del todo equivocada con sus quejas, no es que haya algo malo en ella, al contrario, todo se trata de esa energía cansada de ser reprimida con sus mil y una virtudes que están ansiosas por vivir su propósito.

No solo acaba de reconocerse y aceptarse en su energía, también ha entendido cómo dirigirla para sacarle el mayor provecho, y de paso, ahora sabe que lo mejor que puede hacer para sanar sus relaciones más estrechas, es compartir sus dones y repartirlos en la justa medida hacia donde corresponde, en lugar de enfocarse solo en su familia y terminar aplastando a sus seres queridos con su magnitud y fuerza.

¿Ahora entiendes por qué es tan importante conocer el camino que nos señala nuestra energía y cómo funciona de manera natural?

En cuanto a nuestros números, te cuento que a veces el número del poder del nombre y el del camino de vida, coinciden, pero es más común que sean distintos, así que hay quien se identifica más con una energía que con otra. Esto podría depender de muchos factores como la edad, el año o etapa que se atraviesa —ya verás por qué en el capítulo de los años personales—, la influencia de los padres, la sociedad y, sobre todo, la propia decisión cuando se percibe inconscientemente que una energía funciona mejor que otra. Sin embargo, todos los atributos que se reflejan en una y en otra se van a combinar y adaptar siempre, para hacernos quienes somos y abrirnos paso en el camino que venimos a transitar.

Como siempre, la mejor manera de conocerte es observándote y, por suerte, ahora que has identificado tus números podrás verte completamente reflejado o reflejada en ellos para utilizarlos como ese espejo de cuerpo entero y de 360 grados que te va a ayudar a evaluar, confirmar, corroborar y ser consciente de ti, de tu ser y tu hacer.

De una vez te digo que gran parte de las descripciones que estás a punto de leer, te ayudarán de manera muy placentera a reflejarte en esas habilidades que ya reconoces en ti y te provocan orgullo y hasta presunción. Habrá otras que tal vez sospechabas que tenías como un talento especial y no te las creías del todo, así que las podrás observar y corroborar muy placenteramente también. Pero, por otra parte, también tendrás que respirar profundo y detenerte un poco a reflexionar, con la mente muy abierta y receptiva, en otras tendencias de tu energía que no son tan bonitas ni halagadoras como las anteriores; pero que es preciso que las hagas conscientes para que dejen de joderte la existen-

CAPÍTULO 4. .... *Conoce reconoce tus talentos*

cia, y de paso, evitar que empieces a joder tú la vida de los demás por no saber cómo regularte.

Yo por ejemplo, aunque me sienta muy orgullosa porque mi energía me dota de una mente muy profunda y una gran habilidad para ser precisa, estructurada y directa al ofrecer el conocimiento, también de repente me sale el "talento especial" para parecer demasiado fría y regañar gente; así que haré mi mayor esfuerzo para que no sientas que la que escribió este libro fue tu tía la regañona.

¡Aquí van las descripciones de tus números!

Capítulo 5

Los números

UNO

CUENTA CON EL UNIVERSO

Conocí a Lynn cuando ambas estuvimos estudiando en Sídney, Australia. La escuela te daba la opción de alojarte en la casa de alguna familia local y a ella la colocaron en la que yo llevaba cuatro meses. Yo tenía ya mis rutinas y grupo de amigos para salir, pero convivíamos todas las tardes. La admiraba porque era superinteligente, fuerte, segura e independiente, el tema era que 70 % de su plática era acerca de ella, de sus logros, de la beca que se había ganado entre más de 800 estudiantes, de por qué había sido injusto su segundo lugar en el concurso de oratoria cuando era evidente que ella había dado el mejor discurso, y por qué era tan difícil hacer trabajos en equipo con personas que claramente, no estaban a su nivel de inteligencia y capacidades.

Lo más difícil era cuando se acercaba la hora de la cena y entre sus quejas y órdenes yo terminaba bastante aturdida. Mi otra *roomie* no la soportaba, pero a mí me daba cosita verla siempre tan sola. Nunca llevó a nadie a la casa, no salía o si salía lo hacía sola porque nunca le gustaban mis planes; cuando fue su cumpleaños la festejamos solo nosotras porque sus "amigas" nunca llegaron. Hace poco viendo mis fotos de ese tiempo la recordé y quise observarla ahora con mirada adulta y a través de sus números. ¡La mujer está plagada de unos!

Si tu número es el uno...

El 1 es el primero de la fila, el líder, el que marca el inicio y lleva la batuta. Es individual por lógica y naturaleza, su ritmo es fuerte, estruendoso, agresivo y su energía es masculina y puntual.

CAPÍTULO 5. .... *Los números*

Personalidad

Si este es uno de tus números, estás aquí para encontrarte a ti, para superarte y desarrollar la valentía, la autosuficiencia y la templanza para elegir la dirección que deseas que tenga tu vida. Pareciera que el camino trazado por tu familia o por la sociedad en la que vives, no logra ser suficiente para ti. Necesitas hacer las cosas a tu manera, poner tus propias reglas y abrir una brecha para que los que vienen detrás de ti puedan tener una mejor opción para transitar. Eres líder y fuerte por naturaleza, tienes un fuerte deseo y necesidad de sobresalir, tu pensamiento es ágil y siempre está generando ideas creativas e innovadoras, creando proyectos frescos y proponiendo soluciones novedosas y fuera de lo común. No temes los nuevos comienzos y tienes el impulso y la iniciativa que estos requieren. Tienes un gran poder de mando, osadía, independencia y agudeza mental y, a cualquier lugar a donde vayas te será fácil ser un punto de referencia y destacar. Esta energía, la uno, la tenía Nikola Tesla como camino de vida y fue la que marcó el camino de vida y poder del nombre de, nada más y nada menos que, Steve Jobs. ¡Hasta parece obvio! ¿no crees?

El gran tema de tu energía cuando se te sale de control y se inclina hacia la frecuencia destructiva es que, así como mi *roomie* Lynn, podrías mostrar una actitud egocéntrica, engreída, hiperexigente, con rasgos individualistas y hasta narcisistas. Estás en una tentación latente de comportarte de manera impositiva, dominante, mandona y controladora. Además de empezar a tener reacciones impulsivas, aceleradas, intolerantes e irracionalmente perfeccionistas. Tienes que poner atención para no volverte una persona iracunda, impaciente y despectiva; con aires de superioridad y que toma las críticas y observaciones hacia sus acciones como un ataque personal y responde a la defensiva.

Sin embargo, en ciertas etapas de tu vida, cuando el entorno te sobrepasa, podrías percibirte como una persona apagada, insegura y temerosa. Podría invadirte el temor a la soledad y enfrascarte en acciones y relaciones codependientes de manera fácil. Al no encontrar tu propia voz podrías generar fanatismos hacia otras personas y formas de pensar, y aunque seas capaz de generar muchas ideas creativas y novedosas, si te dejas llevar por tu inseguridad, te sentirás incapaz de expresarlas hasta abrumarte con ellas en tu cabeza.

Señales de alarma

Por la naturaleza de tu energía que es tan activa, ligera y movida, a lo que tienes que poner mucha atención es a esos períodos en los que sientes falta de ánimo o motivación, a un aumento inusual de flojera o sensación de pesadez corporal, dolores de cabeza frecuentes y constantes accidentes aun si estos fueran leves. También mantente alerta ante la frecuencia de las confrontaciones porque, aunque tu vibración de por sí es confrontativa por su propósito de abrir brechas y nuevos caminos, si estas se te están saliendo de control y te están descomponiendo la vida, es una señal de que no estás canalizando tu energía de manera apropiada o con la intensidad que requiere y te vendría bien hacer ajustes.

CAPÍTULO 5. .... *Los números*

Tu aprendizaje

En tu camino encontrarás que uno de tus mayores temas y aprendizajes de vida tiene que ver con encontrarte, reconocer tu ser auténtico más allá del ego y del camino que tu familia de origen haya querido trazar para ti. Así que la vida te invita constantemente a ser independiente sin necesidad de aislarte, a soltar el control y confiar en tus propios pasos, validar tus propias ideas sin invalidar las de los demás, a vivir y dejar vivir, y a darte cuenta de que las críticas son una excelente oportunidad para corregir, mejorar, crecer y entonces recibir esa admiración y distinción que consciente o inconscientemente anhelas.

Profesión y actividades

El autoempleo, el trabajo independiente y la dirección de tu propia empresa siempre serán excelentes opciones para ti si esta es una de tus energías principales. También asumir alguna jefatura, dirección o puestos de liderazgo, no solo te ayudarán a canalizar tu energía de forma constructiva y a regular su fuerza, sino que podrás destacar de forma natural generando ideas, soluciones e impulsando proyectos novedosos. Además de esto, en actividades que requieran de mucha energía, vitalidad, entusiasmo, cambios, viajes, diseño, tecnología, investigación, etcétera. Podrías alcanzar ese estado de flujo tan reparador que todo ser humano necesita en su vida.

CUENTA CON EL UNIVERSO

Para canalizar y equilibrar tu energía

Procura hacer ejercicio y de preferencia de impacto: correr, brincar la cuerda, nadar, patinar, andar en bici o aún deportes extremos. Participar en competencias te viene fenomenal para que, además, puedas obtener de pronto esa medalla para colgarte por tu logro. También procura reservar siempre un espacio a solas contigo, para escucharte, observarte y reconocerte como esa persona original y única que eres. Procura viajar a lugares nuevos para ti, conocer gente y alimentar tu mente con cursos, formaciones, libros, investigaciones y conocimientos vanguardistas. Cambia tu look cada vez que se te antoje y prueba distintas formas de vestirte para encontrar tu propia moda.

DOS

Como ya te imaginarás, tengo tan integrada la numerología en mi vida y en mi cotidianidad, que muchas veces ni siquiera necesito saber la fecha de nacimiento de una persona para detectar sus números o energía predominante, pero debo confesar que nunca

CAPÍTULO 5. .... *Los números*

le atino cuando se trata de una persona 2. Antes me provocaba una frustración enorme porque cómo era posible que no lograra identificarlo como a los demás, pero la verdad es que en el fondo siempre entendí que es por la misma naturaleza del número, que es tan, pero tan adaptable que se vuelve camaleónica; así que no es que no tenga identidad propia, sino que ser el reflejo y apoyo para otras es parte de su propósito y esta cualidad es parte de su identidad. En la descripción entenderás a qué me refiero.

Si tu número es el dos...

El número 2 es el segundo de la escala numerológica y representa la dualidad. Por una parte, rompe la unidad, viene a dividir y a separar. Y por otra, termina uniendo y conectando los puntos. Su ritmo es suave, amable, pacífico y su energía es femenina y receptiva.

Personalidad

Estás aquí para conectar, ayudar y ser también guía para otros, pero desde atrás, siendo un respaldo y apoyo. Vienes a entablar vínculos en equilibrio, a ser el punto que une los extremos y a encontrar el punto medio para que haya paz. Tu energía es amable, tranquila, bondadosa y pacificadora por naturaleza; siempre con la disposición a cooperar y hacer equipo. Aprecias el equilibrio y promueves la paz a través de tu actitud honesta, sincera, leal y transparente. Se te da la diplomacia, la cordialidad y el tacto para tratar a las personas.

Tienes el don y el poder de la mediación y la negociación, pues sabes validar cualquier postura o polémica que se desate, gracias a tu

CUENTA CON EL UNIVERSO

empatía y a la facilidad que tienes de ver los dos lados de una misma moneda. Además, eres una persona muy conectada, tienes un fuerte sentido de la música, el ritmo, la belleza, las sutilezas del mundo, tienes una gran intuición que si cultivas, se hace cada vez más fuerte, y tus sentimientos de gratitud te premian con buena suerte.

Lo que sucede con tu energía cuando la reconoces y no logras regularla, es que por tu necesidad de conexión y buscando la aceptación o integración con los demás, dejas de ser tú y pierdes tu individualidad. Adoptas actitudes, gustos y hobbies, y más que explorarlos para evaluar cómo te sientes respecto a ellos, los haces parte de ti, aun cuando no representen lo que en realidad eres. Otro riesgo de tu energía destructiva es que cuando no obtienes de manera fácil y afortunada la aceptación y lo que deseas, desarrollas actitudes poco sanas para lograr tus objetivos; en lugar de pedir apoyo y expresar tus necesidades con amabilidad y asertividad.

Podrías llegar a exagerar tu sensibilidad y caer en manipulaciones, drama, la victimización y el chantaje. Tu intuición también se ve afectada, pues se contamina con pensamientos de desconfianza que te provocan paranoia. Tienes que tener cuidado de no caer en la mentira, en el engaño, en ciertas actitudes oportunistas y aduladoras que, en lugar de abrirte puertas, te las podrían cerrar.

En ciertas etapas y momentos de tu vida, ante situaciones que no sabes manejar, podrías percibirte con una energía más bien tímida, retraída o inhibida, y desarrollar sentimientos de inferioridad subestimando tus capacidades. Sentirte indiferente y adoptar una actitud apática, incapaz de tomar decisiones. Tus dudas y desconfianza podrían apabullarte y llenarte de pesimismo, ya que no logras ver todas las bendiciones a tu alrededor. Esto

CAPÍTULO 5. .... *Los números*

puede volverte hipersensible, hacer que te aísles y te desconectes, y en lugar de pedir ayuda, rechazarla.

Señales de alarma

Por tu energía tan dual, sensible y perceptiva tendrás que poner especial atención a esos momentos en los que fluctúas entre los extremos, cuando te llenas de dudas y no eres capaz de tomar una decisión o determinar una postura de pensamiento o acción, y sobre todo, aquellos momentos en los que tu creatividad e intuición se vuelven paranoia y empiezas a generarte historias en la cabeza que te ponen en estado de ansiedad y preocupación. También debes estar consciente del equilibrio de tus lazos para no caer en dependencias emocionales, económicas y profesionales.

Tu aprendizaje

Tu gran aprendizaje está en lograr equilibrio y balance en tus relaciones. Conectarte y vincularte sabiendo que mereces pedir asertivamente y tener lo que deseas, y evitar caer en los extremos de ser siempre la persona que cede o la persona que exige. También tendrás que aprender que no siempre debes quedarte al margen de las decisiones, sino que mereces elegir y defender una postura.

Profesión y actividades

Parte de lo que te mueve es integrarte, pertenecer y servir, así que el trabajo en equipo o aquel en el que asistes o apoyas a alguien

CUENTA CON EL UNIVERSO

más siempre serán una buena opción para ti, como el trabajo social, mano derecha del jefe, consejería, etcétera. Ojo, no necesariamente tienes que buscar posiciones tras bambalinas y ocupando puestos "segundones", ya que se ha visto que la energía 2 les ha funcionado a muchos de los mandatarios, gobernantes y presidentes por su tendencia a la diplomacia y actuar políticamente. Las actividades que requieren gran imaginación, intuición, creatividad y sensibilidad como la creación literaria, como cuentista o guionista, te serán muy satisfactorias.

Acciones para canalizar y equilibrar tu energía

Para canalizar y elevar tu energía siempre hacia el equilibrio, puedes tomar acciones muy sencillas, desde escuchar música, bailar, practicar la gratitud diariamente y optar por ver lo bueno en las personas para recuperar la confianza en ellas; pero también reconocer lo bueno en ti para recuperar la confianza en tu ser auténtico, y naturalmente volver a confiar en la vida. Escucha y haz caso a tu intuición, lleva un registro de las veces en que te da respuestas acertadas para que sepas diferenciarla de los pensamientos paranoicos, además medita y procura dormir lo suficiente para recargar pilas, ya que tu energía no es precisamente la más activa. Vas a ver que con estas acciones tu vida permanecerá afortunada, te ofrecerá todos los recursos y te pondrá en los lugares correctos, con cosas bonitas y rodeándote de las personas adecuadas.

CAPÍTULO 5. .... *Los números*

TRES

Mi mamá cuenta que una vez la maestra de primero de kínder de mi hermana la citó para hablar y tomar cartas en un asunto relacionado con el comportamiento de la niñita que no tenía ni cinco años. El problema: mi hermana platicaba demasiado y además se reía mucho, muy fuerte y contagiaba a todo el grupo que se le descontrolaba. No sé bien en qué terminó ese asunto, pero supongo que no hubo gran solución porque, según recuerdo, sus maestros en prepa la seguían jodiendo con eso.

Hace unos años, en mi curso de locución, recordé esta anécdota, ya que tuve una compañera con la que sucedía lo mismo. Se reía tanto y tan fuerte que nos contagiaba a todos, desde mi compañerito de dieciséis años, que era el más joven del grupo, hasta el de setenta y cinco años, que era un señor muy serio, tranquilo y formal. Hasta los *coaches* terminaban carcajeándose y a veces no sabían ni por qué. El salón, de pronto, se volvía un desmadre.

Cuando tuve la oportunidad de acercarme a ella, me di cuenta de que le encantaba platicar, supe que era juez, que daba clases de manera voluntaria en un albergue para niños huérfanos, que tenía muchas amistades y no había fin de semana que no tuviera una fiesta o plan para salir con sus amigas a comer o a tomar algo en alguna casa o restaurante. Su perfil me sonó demasiado familiar y entonces, obvio, le pregunté su fecha de nacimiento, solo para corroborar lo que yo ya daba por hecho. Mi compañera tenía camino de vida 3, igual que mi hermana, quien "casualmente" también se llena el corazón haciendo voluntariados en albergues de niños de escasos recursos, y se le da facilísimo hacer nuevas amistades y mil planes con los que ya tiene.

Si tu número es el 3...

Este número es el del perfecto equilibrio al establecer un tercer punto que da vida a un triángulo. Su propósito es la diversificación, la expresión, el optimismo y es el principio de la fertilidad y germinación. Su ritmo es alegre y brillante.

Personalidad

Si este es uno de tus números, tienes la misión de recordarle al mundo lo valioso de la autenticidad, de dejar a un lado la pesadez de la vida y aprender a ver lo bueno y lo bello de las cosas, las personas, las situaciones. Vienes a aportar tu carisma y actitud positiva y genuina para aligerar los ambientes. Eres una persona alegre, entusiasta y optimista por naturaleza, capaz de encontrar soluciones y alternativas en donde nadie las ve. Tienes creatividad e ingenio, eres ocurrente, versátil, auténtica y tu vida se desenvuelve en muchas facetas. Sabes vivir con practicidad y esponta-

CAPÍTULO 5. .... *Los números*

neidad. Una de tus grandes habilidades es tu poder de expresión, comunicación y elocuencia. Tu alma es altruista y generosa; tu risa y alegría son contagiosas. Te gusta aprender y tienes facilidad para enseñar, de hecho, hay muchos temas que llaman tu atención y sabes verle el lado positivo a la mayoría de las cosas y situaciones. Sofía Vergara vibra con este número en su nombre completo (Sofía Margarita Vergara Vergara) y no podemos negar que esta energía se le nota a kilómetros de distancia.

Lo que tienes que observar en ti son esos momentos o situaciones en los que te dejas rebasar por tu energía y empiezas a percibirte con una tendencia superficial y frívola. Es muy fácil que caigas en actitudes vanidosas, pretenciosas y tratar de ser siempre el centro de atención. Empiezas a exagerar tus comportamientos, actuando de manera ostentosa, caprichosa, explosiva y sin un gramo de prudencia al expresar tus ideas, opiniones o críticas hacia los demás. Y con tal de conseguir todos tus caprichos o llamar la atención que anhelas, podrías perder tu esencia y caer fácilmente en la mentira, la charlatanería y el engaño, y entonces, verte como una persona oportunista e interesada. Te vuelves imprudente, poco consciente en todas las áreas de tu vida, incluyendo tus finanzas y familia; tu actitud infantil e irresponsable podría meterte en serios problemas.

Cuando te encuentras en la vibración negativa de tu número, podrías verte como una persona dispersa, desenfocada, retraída y evasiva. Puede que tengas momentos de inestabilidad emocional y fluctuaciones muy abruptas en tu estado de ánimo, así que corres el riesgo de dejarte influir demasiado por las opiniones de los demás, intentando agradar y obtener su validación

CUENTA CON EL UNIVERSO

a toda costa. Te cuesta trabajo saber qué es lo que quieres, así que podrías brincar de un deseo a otro sin expresar tu voluntad y tomar decisiones.

Señales de alarma

Hay varias, pero una de las más fuertes son los desequilibrios en tu estado de ánimo, porque ante lo mínimo, estallas de ira, pierdes tu optimismo y empiezas a tener pensamientos negativos o pesimistas, sin ver las posibilidades detrás de cualquier situación difícil. En cuanto a salud, los problemas de garganta y cuerdas vocales te alertan de un desequilibrio en tu comunicación y te señalan que, tal vez, es momento de expresar y liberar todas esas emociones e inconformidades que has reprimido durante mucho tiempo.

Tu aprendizaje

En tu camino por la vida encontrarás algunas dificultades para tomar decisiones, ya que tu mayor aprendizaje será conectarte con tus verdaderos deseos y tener claro lo que quieres, más allá de lo que otros piensen o pretendan elegir para ti. Aprender a decir que no, a poner límites, a expresar tus verdaderas emociones e ideas aunque estas sean incómodas o vayan en contra de las reglas familiares o sociales, podría significarte todo un reto, así que la vida te podría poner en escenarios en donde tengas que elegir entre una gran variedad de opciones o en situaciones tan restrictivas que te inviten a cortar cadenas para ejercer tu libertad y alzar tu voz, con tal de ir a conseguir y vivir tus propios sueños.

CAPÍTULO 5. .... *Los números*

Profesión y actividades

Eres una persona muy versátil, así que realmente podrías hacer cualquier cosa siempre y cuando se conecte con tus verdaderos deseos. Pero lo que se te puede dar muy bien y de manera muy natural son todas esas actividades que tengan que ver con comunicación, creatividad y expresión. Podrías ser excelente en la enseñanza, la actuación, la escritura, periodismo, divulgación de información, ser vocero, animador, o todo lo que te conecte con transmitir información y alegría a las personas. Las ventas se te dan con mucha facilidad y sin esfuerzo, así que podrías vender ideas, proyectos, creencias y todo lo que te propongas o aun sin proponértelo, pues basta con que tú confíes en ello para que con tan solo hablar de eso, convenzas a alguien más de creerlo, adquirirlo o aceptarlo en su vida. Por todo esto, podrías ser también excelente terapeuta o tener éxito en cualquier arte.

Acciones para canalizar y equilibrar tu energía

Procura reírte, socializar y rodearte de personas positivas. Más allá de tu trabajo, procura buscar y probar distintos hobbies que aporten variedad y diversificación a tu vida. No tienes que quedarte con uno solo, pero tampoco elijas tantos que termines dejándolos todos a medias. Puedes tener tus actividades y pasatiempos enlistados, pero hacia un mismo objetivo, por ejemplo: pintar, hacer manualidades, decorar tu casa. Cuando sientas que no eres capaz de decir directamente lo que te incomoda o te molesta, entonces escríbelo, cuéntaselo a alguien de confianza, canta, dilo en voz alta, aunque nadie te escuche, pero procura sacarlo para que lo liberes y no te afecte a largo plazo en tus estados de ánimo.

CUATRO

Algo que la numerología me ha hecho notar de manera muy evidente, es que toda mi vida he estado rodeada de personas que vibran con este número. Pensé que esto se debía a mi necesidad de tener a alguien que me incluyera en su estabilidad, esa de la que yo me sentía carente desde los primeros años de mi vida, pero que quizás yo no era capaz de alcanzar. Algo así como tener a varias figuras paternas que me ayudaran a sentirme estable y segura. Pero a lo largo de los años, me he conocido cada vez mejor, y de paso, a esas personas imprescindibles en mi vida que, cada quien a su manera y con diferente intensidad, vibran en esta energía, ¡los admiro tanto! Y me doy cuenta de que lo que he obtenido de ellos, más allá de la protección como tal, ha sido un aprendizaje invaluable a través de su ejemplo, su disciplina, sus métodos, y sobre todo, su fuerza de voluntad. Así he logrado identificar cuándo es momento de dejar de planear y planear —muerta de miedo ante la posibilidad de fallar— y ponerme manos a la obra con pasos firmes, ¡de una vez por todas!, como lo hacen ellos.

CAPÍTULO 5. .... *Los números*

Si tu número es el 4...

Es el número más estable de la escala numerológica y el principio de la acción y la solidez. Su energía es material y su naturaleza es fuerte, resistente, estable. Su ritmo podría ser lento, pero preciso y constante.

Personalidad

Estás aquí para que el mundo sea un lugar seguro, confiable, honesto y estable, para ser ejemplo de que los sueños no se cumplen solo por suerte o por arte de magia, sino que somos capaces de hacerlos realidad con nuestras propias manos, siempre y cuando nos comprometamos para lograrlo. Así que, tener el 4 como uno de tus números, indica que eres una persona comprometida, ordenada, disciplinada, metódica y bastante confiable por naturaleza. Sabes esforzarte y no le tienes miedo al trabajo duro, ni a sacrificar algunos placeres y comodidades para lograr tus metas o cumplir con aquello a lo que te comprometes. Eres física y mentalmente fuerte, tienes paciencia, templanza, fuerza de voluntad, seguridad en tus pasos y avanzas con perseverancia y firmeza, así que los demás a tu alrededor podemos estar seguros de que no nos vas a fallar. Sabes administrar tus recursos y resuelves los problemas con creatividad y asertividad. Tu tendencia es hogareña, protectora, familiar, y aunque eres una persona tan respetuosa que de pronto se percibe demasiado seria, tienes un gran sentido del humor. Jack Nicholson y Brad Pitt tienen esta vibración en su nombre completo, y en el caso de Brad Pitt su energía se ve reforzada por su camino de vida 22. No sé si conoces bien su historia, pero si algo se ha reconocido —además de su guapura— es su compromiso y fuerza de voluntad para llegar al lugar que tiene.

Por otro lado, cuando no logras regular tu energía tan fuerte, te puedes ir al extremo de ella y empezar a comportarte de una forma muy pesada, complicada, inflexible, terca; te entra la obsesión, te vuelves intolerante y muy exigente con los deberes, con que se hagan las cosas como tú quieres. Deseas certeza y tener el control a toda costa y demandas mucho a los demás. Te mides con una vara tan alta y tan dura, que de pronto se te percibe como una persona severa, amargada, hostil; así que debes tener cuidado de no caer en actitudes violentas.

En cambio, hay ciertos momentos en los que sientes que la vida te rebasa y tu energía se desploma. Puedes percibirte como una persona agobiada, quejumbrosa, desordenada y desidiosa. Sueltas tu buena administración y puedes empezar a postergar tus obligaciones y compromisos. Tu fuerza de voluntad se transforma en pereza y procrastinación, parece que todo se te complica y te cuesta mucho trabajo ponerte en acción. No te agobies porque la gran ventaja que te da tu energía 4 es que un solo empujoncito es suficiente para reactivar tu motor.

Señales de alarma

Esa actitud de gendarme que contamina tus relaciones es una superseñal de alarma para ti, pues significa que no estás canalizando tu energía adecuadamente. El tema con la energía 4 es que todo se manifiesta de una manera muy material a su alrededor, así que cuando pierdes el equilibrio puedes empezar a somatizar o alterar tu entorno. Podrías tener dolores de cabeza o problemas

CAPÍTULO 5. *Los números*

en la dentadura, espalda o articulaciones; desde dolencias en aumento, hasta fracturas. Las descomposturas y desperfectos en tu casa también son señales de alarma que te indican que hay que ser más flexible o que es momento de dejar de postergar y ponerte en acción para echar a andar, revisar o solucionar lo que tengas que resolver.

Tu aprendizaje

Es casi evidente que la vida te invita a construirte como una persona fuerte, resistente y persistente; por eso de repente sientes que nunca nadie te ha regalado nada y todo lo que tienes te lo has tenido que "ganar". Y aunque es cierto que parte de ese camino es aprender a organizarte, establecer un plan y ponerte en acción con pasos precisos, también es cierto que si algo te pone de nervios, es la incertidumbre. Por ello tienes que aprender a confiar y a ser flexible, soltar la ilusión de control, reconocer cada uno de tus logros, apreciarlos y disfrutarlos en el momento presente, independientemente de que hayas alcanzado tu meta o aún te falte camino por recorrer. Aprende a relajarte y a divertirte un poco más. Disfruta tu camino y no te dejes invadir por el miedo cuando las cosas se complican, pues son precisamente esos momentos los que pretenden mostrarte que hay muchas maneras y caminos para llegar a tu meta, tienes la fuerza y la inteligencia necesarias para lograrlo. ¡Tú puedes!

Profesión y actividades

Recuerda que tu energía es muy material y estable, todo lo que tenga que ver con poner orden y estructura se te da muy bien, así que las actividades como la construcción, administración, supervisión, los trabajos que requieren fuerza y rendimiento físico te ayudarán a canalizar tu energía de manera muy natural. Eso no significa que no puedas hacer otra cosa, sino que cualquier tema puedes potencializarlo con estas habilidades. Podrías ser ingeniero o un médico excelente por tu tendencia a seguir protocolos y procesos; poner tu propia empresa y llevar perfectamente su funcionamiento, administración y operación; el chiste es que te involucres de lleno para canalizar tus habilidades y las dejes fluir sin restricciones, de paso evitas contaminar tus relaciones y tu vida personal con una actitud de gendarme.

Acciones para canalizar tu energía

Escucha a tu cuerpo y observa tu entorno. Hacer ejercicio de fuerza y flexibilidad o practicar algún deporte todos los días te ayuda a mantenerte en avance. Si tu religión o tradiciones ya las haces de manera mecánica, ábrete a explorar alguna práctica espiritual diferente que, actualmente, resuene más contigo, te ayude a compensar tu energía material, a confiar y despejarte de tus temores. En momentos de estancamiento y confusión reordena tu casa, tu clóset; limpia tus cajoneras, tu escritorio; despréndete de cosas que ya no sirven o ya están muy usadas; pase lo que pase, no te aferres ni acumules, mejor libera tus espacios y tu mente para que lleguen siempre cosas nuevas, personas interesantes y nuevas oportunidades.

CAPÍTULO 5. .... *Los números*

CINCO

"Yo nunca me voy a casar, no voy a tener hijos, voy a vivir dos años en cada país, aprendiendo el idioma, estudiando y trabajando de lo que sea, con novio y amigos, por código postal". Ese era, tal cual, mi discurso hasta los veinticinco años, cuando alguien me preguntaba qué quería ser y hacer en mi vida. La verdad no era que tuviera un plan o mucha claridad en mis siguientes pasos, pero lo que sí tenía clarísimo era que ¡quería ser libre! La energía 5 —que tengo en mi nombre— influyó muchísimo en mí durante mucho tiempo, pero en total conflicto con mis otras energías. Era responsable, pero muy arrebatada y confrontativa, apasionada en mi diario vivir, pero rebelde sin causa y sumamente temperamental. Y aunque definitivamente hoy observo todas las cualidades constructivas que me dio esa energía entonces, creo que hasta mi encuentro con la numerología fue que pude integrarla con mis otras energías y darles una dirección realmente edificante y satisfactoria. Tal vez ha sido esa trayectoria, desde la numerología, mi prueba más clara de eso y que hoy me tiene escribiendo este libro;

pero definitivamente, creo que lo más trascendental se dio a raíz de que a mis veintiséis años me embaracé, me casé y entonces mis expectativas tuvieron que cambiar.

Si tu número es el 5...

El 5 es el número que parte la escala numerológica, su energía es mental y su naturaleza es el cambio y el movimiento constante. Su propósito es la transformación y el progreso, así que su ritmo es impredecible.

Personalidad

Si este es uno de tus números, eres una persona inquieta, curiosa e ingeniosa por naturaleza. Tienes el don de la versatilidad y la adaptabilidad; los sentidos tan agudos, la intuición tan desarrollada y una mente tan ágil que parece que lees a las personas. Eres alguien poco convencional, te agrada gustar, te apasionas por la vida, la exploración, la aventura, las personas, las ideas, la comunicación. Tu carisma y sensualidad te hace un imán para la atención y la curiosidad de los demás. Estás en transformación y renovación constante, adaptarte para evolucionar y progresar para ti es una necesidad, y es por esto que tienes un espíritu valiente y rebelde que, cansado de lo viejo y lo tradicional, está en constante experimentación. Jim Morrison tenía esta energía como poder del nombre, igual que ahora la tiene Miley Cyrus.

Te confieso que me da mucha emoción cuando doy una consulta a una persona con esta energía, porque como es una de mis energías y me conecto muy bien con ella, me encanta tener la po-

CAPÍTULO 5. .... *Los números*

sibilidad de explicar todo lo que, seguramente, le dará curiosidad al consultante. ¡Preguntan todo! Pero además, también es muy divertido verme reflejada en sus situaciones, intercambiar puntos de vista acerca de la apertura y transformación que necesita el mundo, y ayudar a sacudir un poquito ese temor a ser diferente; a ir en contra de la corriente y decir lo que piensa, aunque eso suponga alguna que otra confrontación.

No obstante, ante ciertas circunstancias o situaciones en tu vida, podrías vibrar en la frecuencia negativa de tu energía que cambia por completo. Se apaga, se vuelve apática, cobarde, temerosa y sumisa. Aunque mantengas ese sueño y el deseo de que las cosas sean distintas y encuentres muchos argumentos que justifican tu deseo o necesidad de un cambio, lo reprimes y eliges evadirte o conformarte.

Cuando vivas momentos de estrés y no logres regular tu energía tan fuerte, ten en cuenta que te puedes ir al otro extremo de tu energía que, en este caso, es destructivo. Te llenarás de nerviosismo, te volverás impaciente, intolerante y temperamental. Podrías comportarte de una manera sumamente pasional e inestable; voluble, explosiva y a la defensiva.

Además, tu elocuencia y conversación se vuelve pesada y petulante. Se te puede percibir como un sabelotodo que subestima la inteligencia y las capacidades de los demás, y toda tu energía tan versátil, inteligente y apasionada se vuelve violenta en todos los aspectos: físico, emocional y psicológico. En esta frecuencia destructiva tienes que tener cuidado con los excesos y adicciones, los arranques de inmadurez, la irresponsabilidad constante y las confrontaciones, ya que te puedes meter en serios problemas.

CUENTA CON EL UNIVERSO

Señales de alarma

No es necesario explicarte por qué tu energía desregulada puede ser una de las más peligrosas para ti y para quienes te rodean, así que pon atención si empiezas a tener accidentes —aunque sean pequeños— o confrontaciones constantes y violentas; vicios, excesos, acciones fuera de la ley, problemas o intereses sexuales riesgosos; inestabilidad en tu economía, trabajo y familia. Una vez más, te pongo el ejemplo de Jim Morrison.

Tu aprendizaje

Tendrás que aprender a ser paciente, tolerante y entender que bajo esta energía nada es estático. Lo único estable que promete tu vida es un cambio y transformación constantes, y aunque te promete muchas oportunidades, exploración y progreso en el camino, tu mayor aprendizaje será mantener el equilibrio entre tu deseo de libertad y tu responsabilidad, no solo hacia otros, sino hacia ti. Te toca ser diferente y atreverte a hacer las cosas de diferente manera. Tienes que ser valiente, pues en este camino la vida te pone oportunidades y lecciones para adaptarte y fluir; pero también para alzar tu voz, defenderte, moverte y cambiar por completo de escenario. Tu tarea será identificar qué es lo que corresponde hacer en cada momento.

Profesión y actividades

Recuerda que tu vibración se nutre con el movimiento y la exploración constante, así que si pretendes encerrarte de bi-

CAPÍTULO 5. .... *Los números*

bliotecario —a menos que te dediques a devorarte todos los libros— tu energía será una bomba de tiempo. Lo que te conviene para canalizarla son las profesiones que incluyan el factor variedad y aventura, además de que sería un pecado desaprovechar tu encanto y magnetismo personal. Actividades como las relaciones públicas, la organización de eventos, la guía de turismo; trabajos de exploración, investigación, estudio del comportamiento humano, arqueología, ufología, ciencias ocultas que rompan con esquemas y creencias ortodoxas; el deporte profesional y si es extremo, mejor; chef, comerciante y la enseñanza; en fin, cualquier cosa que te invite a decir lo que piensas, alimentar tu curiosidad, moverte a tus anchas y atraer gente, será bienvenido.

Acciones para canalizar tu energía

Independientemente de tu actividad profesional y de que no se te salga de control, para regular constantemente tu energía, te recomiendo correr o practicar deporte a diario, en el que te diviertas y saques toda tu energía que tiende a acumularse. Haz cambios en la decoración y acomodo de tu casa y lugar de trabajo, mueve muebles, cuadros, prueba colores distintos cada vez que puedas. Procura hacer viajes, aunque sean cortos, pero constantes. Si no puedes hacerlos, procura tomar cursos o aprender cosas diferentes, que te ayuden a cuestionar tus conocimientos, creencias y explorar diferentes formas de pensar y vivir.

SEIS

Cuando tenía nueve años me di la intoxicada de mi vida. Me comí la mitad de un queso delicioso que compraba mi mamá regularmente, y resultó que ese lote estaba contaminado con caca de paloma —ya sé, guácala—. Pasé más de una semana en el hospital junto a mi hermana —intoxicada también— y como teníamos #papáausente y #mamáluchona, mi tía Bety era quien le hacía relevo a mi mamá para cuidarnos cuando ella se tenía que ir a trabajar. Nos apapachaba, nos escuchaba, hacía comentarios chistosos y hasta nos cantaba. A veces, nos daba de comer en la boca, con tal de que recuperáramos la fuerza y algunos de los kilos perdidos; cuando de plano no queríamos más, se comía nuestra comida (aún nos reímos de eso). Era muy extraño porque con mis primos yo no la veía precisamente como una mamá "suavecita", sino al contrario, era bastante exigente y medio regañona, pero cuando me cuidaba me sentía tan bien, tan querida. Así como cuando te cuida una persona 6.

CAPÍTULO 5. .... *Los números*

Si tu número es el 6...

El 6 es el número de la armonía y la nutrición. Su naturaleza es emocional y productiva, su propósito es el balance y ofrecer protección. Su ritmo es constante, armónico y reconfortante.

Personalidad

Si el 6 es uno de tus números, estás aquí para unir, generar armonía y nutrir a tu entorno, así que eres esa persona con energía hogareña, cálida, amable, amorosa y alegre por naturaleza. Tu tendencia es cuidar, proteger, escuchar y ponerse en el lugar de los demás con comprensión, compasión y empatía. Tienes bien claras tus prioridades y tus lazos, sobre todo los familiares, están hasta arriba de tu lista. Para ti es muy importante que haya unión, armonía, apoyo y amor incondicional entre los miembros de tu grupo, familia o comunidad. Respetas y amas la naturaleza, eres capaz de conectarte con ella fácilmente, se te da bien reconocer aromas, texturas, olores y colores, así como percibir la energía de las personas. De hecho, entre tus dones especiales está la sanación, sobre todo con el tacto, las manos, el abrazo, además de tu capacidad para dar consejos y cobijo a quien lo necesita. Sabes cuidar de ti y generar un ambiente en el que los demás se sientan cómodos y bien recibidos. ¿Recuerdas a Wendy cuidando a sus hermanitos en la película de *Peter Pan*? ¿y qué me dices de Blancanieves atendiendo a los 7 enanos? Definitivamente 6.

Cuando te dejas arrastrar por la frecuencia destructiva de tu energía, el tema contigo es que todas esas emociones que hay en ti no encuentran su equilibrio y, al contrario, se vuelven imprede-

CUENTA CON EL UNIVERSO

cibles, fluctuantes y la convivencia contigo puede ser como ir en una montaña rusa. Tu actitud empática desaparece y empieza a ser más bien hipersensible, moralista, controladora y chantajista. Puedes comportarte de manera invasiva, sobreprotectora y territorial. De pronto pareciera que te obsesionas por la unión familiar, la cercanía con tus amistades, la colaboración en tu comunidad o equipos de trabajo para que se dé a tu manera; el problema es que nada parece satisfacer tu necesidad de apego. Tienes que estar muy atenta a todo síntoma de carencia de amor propio, ya que tu herida de rechazo contamina terriblemente tus relaciones.

Si no te identificas con todas estas características, tanto constructivas como destructivas, podría significar que estás vibrando en la polaridad negativa de tu energía, en la que todas esas cosas bonitas y agradables que acabas de leer, se borran, así que tampoco dan cabida a exagerarse. Te vuelves más bien indolente, tu actitud es comodina, poco cooperadora, irresponsable, indiferente y desidiosa contigo y con los demás. Pareciera como si de pronto tus relaciones te dieran lo mismo, dejas de involucrarte, de sentir esa emoción y empatía por tu entorno y todas tus cualidades terapéuticas y sanadoras por naturaleza se apagan.

Señales de alarma

Cuando tu número entra en desbalance sucede algo parecido a lo que sucede con el 4, que materializa y somatiza. Así que algunas de las cosas que te señalan que es hora de hacer un alto y canalizar y redirigir tu energía son los achaques y problemas constantes de salud, aunque sean leves. Las fluctuaciones abruptas en tu peso y talla regular. Personas que te evaden o se dejan de abrir contigo por

CAPÍTULO 5. .... *Los números*

miedo a tus reacciones emocionales o juicios moralistas. Te sugiero poner mucha atención y ver si se te empiezan a marchitar tus plantas, si empiezas a descuidar tu imagen, el tiempo contigo; tu casa, tu lugar de trabajo; si ya no te entusiasma coincidir con tus amistades o si de pronto ves que te rodean amistades tóxicas que contaminan y drenan tu energía.

Tu aprendizaje

Justo con esto último tiene que ver tu mayor aprendizaje. La vida, a través de todos sus sucesos y, sobre todo, las relaciones que vayas forjando a lo largo de tu camino, van a ser un reflejo constante de qué tanto te amas y te valoras. Tendrás también que aprender a discernir entre el verdadero amor y el apego; aprender a amar incondicionalmente y en libertad, porque más allá de que sea lo más sano y cómodo para quienes se relacionan contigo, esa libertad que das al amar termina por darte la armonía que tanto anhelas y, además, es una señal de tu autovaloración.

Profesión y actividades

Como tu energía es emocional, creativa, social y busca la belleza y el equilibrio constantes, podrás entender por qué todas las artes se te darían de manera espectacular: música, pintura, escultura, decoración, etcétera. Además, por tu propósito de nutrición también serías excelente chef o trabajar en el desarrollo de alimentos; cultivo de plantas y huertos; nutricionista, terapeuta holística y psicoterapeuta. Recuerda que tu tacto es sanador así que cualquier actividad en la que puedas crear, instruir o sanar con tus ma-

CUENTA CON EL UNIVERSO

nos o tu presencia, será muy reconfortante para ti; al igual que lo sería ponerte al servicio de la enseñanza o al cuidado de niños, adolescentes, ancianos, grupos de mujeres y personas en vulnerabilidad; en labores de enfermería, asistencia social, etcétera.

Para canalizar y equilibrar tu energía

Lo que puedes hacer como prácticas diarias concretas para mantener el equilibrio de tu energía es tener contacto frecuente y constante con la naturaleza, aunque solo se trate de convivir y pasar tiempo con tus mascotas o plantas, descalzándote en tu jardín, abrazando árboles —*aunque te retuerzas de la vergüenza*—, y procurando tener una alimentación no restrictiva, sino balanceada, en la que sientas que te estás nutriendo no solo física, sino emocional, intelectual y espiritualmente. Realiza actividades grupales como círculos de lectura, deportes en grupo o alguna otra actividad recreativa. Sobre todo recuerda que mereces estar en calma y ocuparte de ti, tanto o más de lo que te ocupas de los demás.

SIETE

CAPÍTULO 5. .... *Los números*

Esta —al igual que la 5, que ya te conté— es mi energía predominante, y es la que me ayudó a mantener la cordura ante mis ansias de libertad y mi arrebatada forma de actuar. También es la que ha ocasionado que la mitad de mi vida me haya sentido como extraterrestre, sobrecargada mentalmente y sumida en las profundidades de mis dudas existenciales. Es más, tengo la sospecha de que todos esos dolores de cabeza que me tumbaban desde los seis años, mi hiperexcitabilidad neuronal diagnosticada a los diez, el término "fibromialgia" mencionado por el reumatólogo, y hasta los signos de un TDAH no diagnosticado, podrían haber sido provocados por esos momentos en que no supe regular y canalizar adecuadamente esta energía.

Hoy me siento bastante cómoda y segura con ella, la conozco, la vivo, la aprovecho y la disfruto tanto que, cuando doy consulta a alguien con esta energía en sus números principales, casi, casi me arremango y me hago un chongo para explayarme en las explicaciones y detalles, pues de entrada sé que la consulta se va a extender un poco —o mucho—, no por la cantidad de preguntas, sino por la profundidad con la que voy a exponer la información. Puede sonar retador y para algunos hasta aburrido, pero para mí —y para mis consultantes con esta energía— es como estar en Disneylandia.

Si tu número es el 7…

El 7 es el número sumamente reflexivo y profundo. Su energía es mental y su propósito es la búsqueda de la verdad. Más que el conocimiento, le mueve la sabiduría que lo lleva al perfeccionamiento constante. Su ritmo es profundo y continuo.

CUENTA CON EL UNIVERSO

Personalidad

Estás aquí para observar, analizar, reflexionar y comprender los enigmas de la vida y el universo; adquirir conocimiento y entregarlo al mundo con consciencia y sabiduría. Así que tu naturaleza es así, analítica, concienzuda y reflexiva. Buscas entender las cosas, que todo sea justo y tenga sentido. No les temes a las responsabilidades y te comprometes, aunque a veces sientas que te rebasan. Tiendes a ser una persona leal, discreta, sensata y tienes un gran pensamiento crítico.

Eres capaz de plantearte las situaciones de manera muy clara con tal de hacer un plan perfecto, buscando que todo salga bien. Tienes esa facilidad para estudiar, estructurar, proyectar y enseñar de manera sencilla lo que ya entendiste. Es como si absorbieras todo, lo procesaras, lo filtraras y entregaras únicamente lo sustancial. Como parte de tu desarrollo de consciencia, podrías pasar muchos años de tu vida enfocado en el deber ser, la lealtad a las creencias de tu familia y seres queridos; pero una vez que exploras tu espiritualidad, la vida te cambia y no hay vuelta a atrás. Tú no buscas popularidad ni una imagen banal externa, sino perfección interna. Eres idealista y no materialista; la soledad y el silencio pueden ser lugares seguros y cómodos para ti, así como el aprendizaje y estudio constantes. Este camino de vida lo tiene Natalie Portman, y aunque admirable, no me sorprende que a la par de su trayectoria como actriz se haya aventado una carrera y un doctorado en psicología. Bella, la princesa intelectual de Disney que todos tachaban de rara, también es muy 7.

El tema con tu energía, es que cuando se te sale de control, tu mente también se descontrola y te lleva a lo más profundo de las

CAPÍTULO 5. .... *Los números*

obsesiones y depresiones. Empiezas a reprocharte y a castigarte severamente por los que consideras tus errores actuales o del pasado. Te da tanto miedo equivocarte que, dejas de avanzar hacia el futuro que deseas. Empiezas con una actitud amargada, dura, hiperexigente contigo y con los demás, sermoneadora, controladora y bastante complicada.

En consulta, muchas de las personas con esta energía suelen llegar con temas y frases como: "Me exijo demasiado", "me da miedo equivocarme", "no logro hacer lo que quiero porque cargo con demasiadas responsabilidades" o el tan frecuente y ya conocido síndrome del impostor, que parece arrasar con su autoconfianza y por más que se esfuerzan, aunque reciban a todas luces el reconocimiento de los demás, siguen sintiéndose incapaces. Algunas de estas personas ya traen temas de ansiedad e insomnio porque no logran regular sus pensamientos y, aunque en el fondo saben que hay solución, entre tanto ruido mental, es necesario crear ese espacio para que todo empiece a acomodarse y a fluir otra vez.

No podemos dejar a un lado el extremo negativo de tu energía, el cual detectas cuando no logras hacerte cargo de tus proyectos y de tu vida en general. Te comportas de manera evasiva, desconectada, insegura de tu intuición y tu sabiduría interior. Entonces se vuelve más fácil culpar a otros y a tu entorno, en lugar de reconocer tu responsabilidad y, sobre todo, tu capacidad para tomar decisiones respecto a tu situación. ¡Sueltas tu poder!

Señales de alarma

Te conviene poner atención a todo lo que tenga que ver con tu salud mental. Ansiedad, depresión, insomnio, hipocondría. Además, puedes tener dolores de cabeza recurrentes, desarrollar enfermedades autoinmunes y problemas neurológicos. La famosa *parálisis por análisis,* es otra de las señales de alarma más frecuentes que te indica que es hora de poner un alto a tu mente y recargarte en tu intuición y tu fe.

Tu aprendizaje

Aunque tu inteligencia y capacidad mental pueden ser una joya y ofrecerte ese sentido de responsabilidad y justicia que quieres en el mundo, estás aquí para explorar tu fe, hacer contacto con tu espiritualidad y confiar en ti, en tus capacidades, en la capacidad de las personas que te rodean y sobre todo en la vida. Atrévete a soltar el control, a experimentar tus emociones, permite que las cosas fluyan y permítete fluir sin tanta exigencia y sin buscar incansablemente la perfección cuando ya has encontrado la excelencia. Evita los juicios, evita señalar y centrarte continuamente en los errores, recuerda que cada quien tiene su proceso y su propósito en la vida, no todos van a ser igual de conscientes, justos y responsables como tú. Aprende a enfocarte en lo positivo de la vida, en los momentos espontáneos y en disfrutar tu proceso.

Profesión y actividades

Tu abanico de opciones es enorme porque prácticamente cualquier profesión requiere en algún momento del análisis, la planeación y el seguimiento de la estrategia. Podrías trabajar como terapeuta, en psicoanálisis, capacitación y enseñanza; en áreas de investigación, como perito, detective, policía o analista de datos.

CAPÍTULO 5. .... *Los números*

Tu capacidad de estructura y planeación te hace superhábil para archivar y organizar información y espacios físicos, y tu gran sentido del deber y la justicia te harían excelente abogado y activista.

Para canalizar tu energía

Independientemente de tu profesión o actividad laboral, recuerda que tienes una gran carga de energía mental que canalizar, así que procura leer, tomar cursos o mejor aún, compartir tus conocimientos acerca de tu expertise, aunque sea un hobby para ti. Medita mucho, haz yoga, taichí o alguna práctica que combine el movimiento de tu cuerpo y tu consciencia espiritual. Procura momentos y espacios de consciencia terrenal, observa, escucha, huele, siente y haz ese contacto con tus sensaciones corporales y deja descansar a tu mente. Y cuando sientas confusión y ansiedad por las decisiones que no te atreves a tomar, ordena tu clóset, cajoneras, espacios, dales estructura y clasifica; verás cómo tus ideas se empiezan a acomodar también.

OCHO

CUENTA CON EL UNIVERSO

Conocí a Montse hace nueve años en uno de los cursos de numerología que tomé. Yo continuaba en mi búsqueda de conocimiento y práctica suficiente, intentando entender todo a la perfección, memorizando, tomando notas y preparándome para, por fin, sentirme segura como numeróloga. Ella era psicóloga, chef, mujer de negocios, hija amorosa, recién casada y entonces también sería numeróloga. Siempre me pregunté cómo le hacía para poder con todo, para abordar todo con tanta seguridad y obtener todo lo que quería. Lo bueno es que, estando en la misma clase, aun antes de volvernos *superfriends*, lo único que necesité fue poner mucha atención, para enterarme de que era toda una 8. ¡Con razón la admiraba tanto!, si tenía todos los rasgos que siempre había admirado en mi mamá, que también es una súper 8 y, por lo tanto, una supermujer.

Si tu número es el 8...

El 8 es uno de los números más fuertes y poderosos de la escala numerológica. Es un número de acción cuyo propósito es la transformación y desarrollo constante para el logro del éxito. Su ritmo es potente, en ascenso, contundente.

Personalidad

Estás aquí para explorar el éxito en todas las facetas de tu vida, para superarte constantemente, plantearte desafíos a cada paso y lograr todo lo que te propones; por eso eres una persona tan enérgica, determinada, visionaria y ambiciosa por naturaleza, para que puedas ir por todo con iniciativa y voluntad. Tienes una mente en-

CAPÍTULO 5. .... *Los números*

focada, estratega y eficiente. Te gusta el dinero y las cosas buenas, así que eres de esas personas competitivas y competentes que se atreven y se arriesgan con tal de obtenerlo; pero de una manera bien pensada y calculada, lo que eleva tus probabilidades de éxito y con este se eleva también tu confianza. Tu tendencia es a proteger y sostener, pero como lo haría un papá, con autoridad y poder de mando. Las personas a tu alrededor suelen admirarte no solo por tu porte y asertividad, también por tus logros reales y los resultados que demuestran tu capacidad. Así como yo a mi mamá y a mi amiga Montse, tus amigos y personas que te rodean te admiran un montón y suelen tomarte como ejemplo e inspiración de superación personal y profesional. Cuando vi el documental que relata los inicios y trayectoria de Michael Jordan enseguida me sonó a esta energía. Efectivamente, la leyenda del basquet tiene poder del nombre 8. Otro ejemplo es la empresaria Martha Stewart con el 8 como camino de vida.

    El problema con tu energía y que seguramente lo reconocerás de inmediato, es que como de por sí es muy fuerte y determinante, cuando no la logras canalizar de manera adecuada y suficiente, se te puede salir fácilmente de control y provocarte muchos problemas internos y de convivencia. Te vuelves la persona más dictatorial y exigente, opresiva y dura. Tu ambición se te puede salir de control y al estar mal enfocada podrías obsesionarte con el poder, el éxito financiero y profesional, y empezarte a comportar de manera ostentosa, presumida y excesiva, buscando el reconocimiento externo; pero además, centrándote tanto en lo material que terminas pasando por encima de tus emociones, tu salud, tus relaciones y olvidando que también tu espíritu necesita alimento. Tienes que tener mucho cuidado y poner mucha atención ante la mínima señal de avaricia y despilfarro, ya que la ambición y el *rush* de tus logros podrían nublarte la cordura.

Si en sus dos frecuencias anteriores no te logras identificar con esta energía, podría ser porque estás vibrando en la frecuencia negativa, y en lugar de moverte hacia el esfuerzo y la superación constante, provoca un miedo enorme al fracaso y falta de confianza en tus capacidades. Es una frecuencia que hace que la persona pase desapercibidas las oportunidades detrás de los desafíos, y se centre en el obstáculo, viéndolo como un bloqueo a su realización, entonces no toma decisiones y se estanca en la mediocridad.

Señales de alarma

Una de las señales más evidentes, es que empezaras a tener la percepción de que la vida está llena de obstáculos y que el universo conspira en tu contra. Pero también está el otro lado de la moneda en el que, de pronto, te volcaras tanto en tus asuntos materiales que se haga una brecha enorme entre tú, tu familia y amigos o peor aún, que empezaran a alejarse de ti por sentirse oprimidos y controlados. Otra señal sería un estrés constante, pero ya en un nivel peligroso, que podría provocarte insomnio y problemas de salud como hipertensión o problemas cardíacos, además de arrebatos y un carácter prepotente y violento.

Tu aprendizaje

Es evidente que en esta vida tendrás que aprender a creer en ti, que puedes lograr muchas cosas y confiar en tu poder y capacidad

CAPÍTULO 5. .... *Los números*

para salir adelante en cualquier situación; sin embargo, conforme avances en tu camino verás que tu mayor aprendizaje estará en observar que constantemente estás creando tu vida y cosechando lo que siembras. Tendrás que abrir bien los ojos y la consciencia para darte cuenta de que el éxito no abarca solamente lo material, sino que es integral y abarca todas y cada una de las áreas de tu vida, ya que si una falla y la sueltas, te vas a dar cuenta de que tu satisfacción no se siente completa. Así que puedes plantearte todas las metas profesionales y financieras que quieras, pero aprende a identificar cuándo es el momento de entregarte e involucrarte por completo para lograrlas, y cuándo es el momento de disfrutar y conectar contigo y tus seres queridos.

Profesión y actividades

Lo ideal es que canalices todas tus cualidades en tu actividad laboral que, por lo general, es lo que absorbe la mayor parte de nuestros días. Así que para ti —sin importar tu profesión—, lo ideal siempre será pensar en el emprendimiento para que descargues todos tus ánimos de mandar y dirigir, pero sin arriesgarte a que te odie tu familia por tanta presión. Te conviene montar tu propia empresa y buscar proyectos y negocios ambiciosos, pero siempre con la intención de hacer acuerdos justos y beneficiosos para todas las partes involucradas.

Las inversiones, el comercio, los deportes de alto rendimiento, las ventas y cualquier labor que implique negocios y competencia, te viene fenomenal. Te cuento además que, muchos artistas y cantantes tienen el 8 entre sus números, tal vez es porque ahí también se canaliza la sed de reconocimiento y admiración que alimenta esta energía con base en construir una imagen admirable y de una vida casi perfecta. Si es en un empleo, los puestos de dirección y liderazgo son los ideales para ti.

Para canalizar y equilibrar tu energía...

Libera tu ánimo competitivo haciendo deporte y compitiendo aunque sea contra ti. Corre, nada, patina, juega tenis, brinca la cuerda o lo que se te ocurra, pero con el enfoque puesto en romper tu marca. Es importante que te acostumbres a plantearte retos y desafíos constantes, que vayas documentando tus logros con tal de asumirlos como reales y no vayas por la vida con una sensación de insatisfacción crónica.

NUEVE

María Elena pidió su cita conmigo porque alguien me recomendó. Cuando llegué al Starbucks para su consulta que, en ese entonces, todavía era presencial, ya me había comprado un café; lo acepté

CAPÍTULO 5. .... *Los números*

muy contenta. Al día siguiente, me llamó para agendar otra consulta, no para ella, sino para una amiga. Llegado el día, la acompañó, nos compró cafés y *bagels* y me llevó un collar muy lindo que también agradecí mucho. Después de dos días me volvió a llamar para agendar a una amiga más y me pagó una tercera consulta por adelantado, aunque aún no sabía a quién se la iba a regalar.

Me sentí muy halagada al ver su aprecio y confianza hacia mi labor y entonces le ofrecí regalarle una consulta de seguimiento para ella como agradecimiento. Se negó una y otra vez diciendo que no era necesario, así que no tuve más remedio que recordarle un punto superimportante que habíamos tocado en su consulta, y es que estaba cayendo —una vez más— en ese comportamiento que como 9 tenía que trabajar de manera muy consciente para fluir mejor con su misión.

Si tu número es el 9…

El número 9 es el que completa la escala numerológica, el que cierra el ciclo e integra todas las demás energías. Su energía es emotiva y creativa, es símbolo de completitud y trascendencia que también es su propósito. Su ritmo es intenso y envolvente.

Personalidad

Estás aquí para vivir una vida llena de experiencias, emociones, aprendizajes y dejar el mundo mejor que como lo encontraste con todo el amor que tienes para dar, así que la vida te ayuda poniéndote en los más variados y diferentes escenarios para que desa-

CUENTA CON EL UNIVERSO

rrolles habilidades que ni te imaginas. Tu camino te suele rodear de gente muy diferente y te lleva hacia posiciones de autoridad e influencia que te hacen recibir mucha atención. Eres una persona naturalmente generosa, idealista, solidaria, humanitaria y con gran empatía y consciencia social. Tienes visión y pensamiento global, autonomía, determinación, poder de convencimiento y eres capaz de solucionar cualquier situación.

Tu energía vibra con fe y entusiasmo por la vida, la espiritualidad, la belleza, el arte y la naturaleza. Transmites paz, alegría, optimismo y confianza; pero a la vez, autoridad, magnanimidad y fuerza. Tu gran capacidad de entrega y amor por la humanidad te mueve hacia el altruismo y en defensa de las causas sociales, así que también te llena de abundancia. Entre más ofreces mayor es la abundancia que regresa a ti, abundancia que te bendice cuando la recibes con humildad y entonces el ciclo se vuelve interminable. El camino de Loise Hay vibró a todas luces con el número 9, reforzado por el poder de su nombre que también era 9, igual que el de Nelson Mandela. Pero esta energía la vemos también en personas como la actriz Emma Watson o la multifacética Mary Kay, cuando a la par de su profesión se vuelven activistas entregados a sus ideales.

La situación con tu energía es que es muy intensa emocionalmente, así que se puede salir de control de manera fácil y caer en la frecuencia destructiva. Esta puede provocarte hipersensibilidad y estallidos emocionales constantes cuando tus demandas no son satisfechas o percibes que no obtienes la atención y el reconocimiento que esperas. También te puede afectar en tus procesos de autovaloración, ya que como tu capacidad de solución es muy

CAPÍTULO 5. *Los números*

alta, tienes que estar muy consciente de tus acciones movidas por la generosidad. Es muy fácil que caigas en el síndrome del salvador y entonces podrías pasarte la vida queriendo rescatar a los demás, y como ellos ni siquiera son precisamente los que solicitan tu ayuda de manera consciente, podría llegar un punto en que lo den por hecho y entonces terminarás sintiendo que la gente te usa o se aprovecha de tus buenas intenciones. Otro tema con tu energía en la frecuencia destructiva, es que se vuelve hiperactiva e invasiva y te crea la necesidad de ser incluida en todo, y si no sucede así, podrías resentir el hecho en tu herida de rechazo y abandono que es tan común en personas 9.

Algo que te conviene tener muy presente —como en el caso de María Elena— es que esta frecuencia destructiva también la rozas cuando no te permites recibir ayuda o regalos con el argumento de que no lo necesitas o no quieres incomodar a quien te lo ofrece. Esto en el fondo deja ver una postura —consciente o inconsciente— de superioridad, por lo que generas una acumulación de deudas morales y materiales de los demás hacia ti, que tarde o temprano se vuelven impagables y provoca distanciamiento.

La frecuencia negativa de tu energía llevaría al otro extremo toda esta intensidad y notoriedad natural que tienes. Tu energía se percibiría como borrada, apagada e insignificante. A las personas que vibran en este extremo se les ve tristes, dependientes, en un constante estado de lágrimas y sufrimiento. Además, se comportan de manera infantil como si se resistieran a madurar y a crecer, dependen de la validación externa y esperan a que alguien se las ofrezca para continuar avanzando.

Señales de alarma

Para esta energía las señales de alarma son literalmente graves debido a la intensidad que adquieren. Una de estas es que su vida empieza a saturarse de situaciones difíciles y momentos trágicos, el apego aumenta; pero también experimentan más situaciones de rechazo y abandono, así que su sufrimiento aumenta también, y en las áreas en las que vivió en abundancia ahora experimenta carencia extrema.

Tu aprendizaje

Tu gran aprendizaje consiste en ejercer una autonomía verdadera, empezando por cortar el cordón umbilical con tu familia de origen y asegurarte de que sea en ambos sentidos. Esto puede resultar confuso, pues es común que creas tener esa autonomía porque eres independiente y capaz de sostenerte económica y emocionalmente; pero pierdes de vista las dependencias que tu familia tiene hacia ti, ya que en tu afán de verlos bien y felices empiezas a hacerte cargo de solucionarles la vida, y así la atadura continúa. Tienes que ser consciente de que la razón de que tu energía y poder sea tan magnánima, es porque tienes una labor altruista que va más allá de tu núcleo familiar, de pareja y amigos cercanos. Tu labor es social y comunitaria, y si intentas reducirla a esa pequeña área, lo más probable es que termines cortándole las alas, limitándolos en su propio desarrollo personal y asfixiándolos.

CAPÍTULO 5. .... *Los números*

Profesión y actividades

Trabajar en fundaciones, grupos comunitarios, asistencia y activismo social, enseñanza, cargos de liderazgo político, movimientos religiosos, etcétera, siempre será una buena opción para ti, teniendo en cuenta la tendencia notablemente dispuesta y generosa de tu energía. Te vienen bien las profesiones que requieren de tu capacidad artística, apreciación de la belleza, cultura y contacto con la naturaleza. Recuerda además que tienes una tendencia a acaparar reflectores, así que en cualquier escenario en el que te sitúe la vida, si te permites mostrar tu grandeza, te será fácil brillar, adquirir fama, recibir reconocimiento e influir en los demás.

Para canalizar y equilibrar tu energía

Si tu profesión o actividad laboral no te permite tener este tipo de exposición, es importante que canalices tu energía haciendo obras de caridad, participando en colectas, haciendo servicio comunitario frecuente o haciendo voluntariado en casas hogar para niños, ancianos, personas con capacidades especiales; rescatando animalitos de la calle y todo lo que haga que tu corazón se expanda con la satisfacción de la bondad. Además, proponte viajar frecuentemente, explora otras culturas, ten amigos en todo el mundo, aprende idiomas, lee y practica distintas filosofías de vida; además, mantén una práctica espiritual constante.

Capítulo 6

Los números maestros 11, 22 y 33

Estos números siempre causan revuelo, curiosidad y a veces polémica porque, definitivamente, no se les puede interpretar como a todos los demás. Antes de abordarlos, primero nos tenemos que asegurar de que los hayas localizado y no se te vaya a pasar alguno si acaso lo tienes.

Recuerda que en la parte de los cálculos te enseñé a sumar de una sola manera para no confundirte con tantas opciones, al cabo

CUENTA CON EL UNIVERSO

que los números simples no se modifican cuando sumas de otra forma; pero te decía que es importante aclarar que esa no es la única manera, de hecho, hay otras dos que te sirven tanto para corroborar tus resultados, como para identificar números maestros escondidos. Vuelve a sacar la calculadora, ahora te lo explico.

Si al hacer tu cálculo —*de la manera en que lo propuse al principio*— te topaste con algún número maestro directamente o al hacer la reducción, entonces considera que tienes disponible esta vibración maestra. No obstante, si cuando sumaste, obtuviste un 2, un 4 o un 6, significa que aún existe la posibilidad de que tu número venga realmente de un 11, de un 22 o de un 33 respectivamente, y haya que hacer un chequeo extra. Esto podría explicar el porqué al leer los significados, quizás te identificaste con otros números que no son necesariamente los que obtuviste.

Para averiguar si tu 2, 4 o 6 vienen de un número maestro, pon en práctica estas otras dos maneras de sumar:

1. Suma tu fecha de nacimiento, pero dígito por dígito. Por ejemplo, María, que nació el 21 de enero de 1992, sumaría:

$$2 + 1 + 1 + 1 + 9 + 9 + 2 = 25$$

Reduce sumando $2 + 5 = 7$

2. La otra manera es hacer primero la reducción de tu mes, día y año por separado; luego sumas esas reducciones así:

Reducciones:

CAPÍTULO 6. .... *Los números maestros 11, 22 y 33*

$$2 + 1 = 3$$

$$1 = 1$$

$$1 + 9 + 9 + 2 = 21 \text{ y } 2+1 = 3$$

Sumas las reducciones:

$$3 + 1 + 3 = 7$$

¿Listo? Te repito que estas otras maneras de sumar no las comparto desde un principio para no saturarte de información y evitar que te confundas, pero en este punto es necesario que lo haga para que, si acaso tienes algún número maestro, puedas reconocerlo y no lo pases por alto.

Nota que si tu número, como en el caso de María, es diferente a 2, a 4 o a 6, entonces estas distintas formas de sumar solo te sirven como alternativa y conocimiento adicional, porque tu resultado no se modifica.

Si la suma de tu fecha de nacimiento completa te dio originalmente 2, 4 o 6, entonces con estas otras alternativas se podría modificar a 11, a 22 o a 33.

¿YA REVISASTE TUS CÁLCULOS?

Si ya lo hiciste, entonces es momento de tomar en cuenta algunos puntos importantes e interesantísimos acerca de estos números maestros, antes de irnos a su descripción.

CUENTA CON EL UNIVERSO

- Los números maestros señalan almas viejas que han vivido tantas vidas y han repasado sus lecciones tantas veces, que ahora les toca vivir una especie de exámenes y entregas finales. Sí, por lo general son almas que están en sus últimas encarnaciones y ahora vienen a perfeccionarse, pero al mismo tiempo, a aportar lo aprendido. Eso me lleva al siguiente punto.

- La diferencia que tienen estos, con los números base —*o sea, los que van del 1 al 9*— es el factor TRASCENDENCIA, ya que la propuesta de su energía es dejar huella, un legado, un camino trazado y una lección para su comunidad, sociedad o el mundo entero. ¡Ah!, pero eso no significa que los demás números no puedan hacerlo también.

Nota: hablar de trascendencia, no significa necesariamente que tengas que adentrarte en las esferas de la fama, el dinero y el poder; lograr que tu nombre sea perpetuamente recordado o que tengas que descubrir o inventar algo equiparable al fuego y a la rueda, ¡no! Cuando hablo de trascendencia, me refiero más bien a dejar un legado, y ese legado puede ser desde una enseñanza, una idea, un método, una filosofía de vida o una tradición entregada a un grupo, una comunidad o hasta tu propia familia si es que esto implica abrirles un nuevo camino en su manera de vivir. Así que si tienes uno de estos números no te agobies pensando en que debe ser algo monumental, porque tu propia existencia te mostrará el camino y tú siempre tendrás libre albedrío sobre él.

CAPÍTULO 6. .... *Los números maestros 11, 22 y 33*

- Cada número maestro engloba tres vibraciones base. El 11 abarca las vibraciones 1, 2 y 7; el 22, las vibraciones 2, 4 y 8; el 33, las vibraciones 3, 6 y 9. Por eso, pueden percibirse más fuertes, más completos, tienen mayores alcances y oportunidades; sus aprendizajes tienden a ser más profundos, variados y complejos; aunque por lo mismo, también están expuestos a mayores riesgos, tentaciones y desequilibrios. Por eso el siguiente punto.

- Encontrarlos en tus números, no es garantía de que alcances su vibración maestra y constructiva, sino al contrario, el riesgo de que su energía se te salga de control y se vaya a lo destructivo es más grande. Por eso la sugerencia es que primero te enfoques en integrar y dominar su energía base, 2, 4 y 6 en cada caso y, una vez regulada, la misma energía te va poniendo el camino para alcanzar la maestría de su vibración.

- Del 11 y el 22 hay suficiente evidencia y experiencia de seres que han logrado alcanzar esta vibración y la trascendencia que su energía propone, pero no pasa lo mismo con el 33, ya que su vibración maestra implica temas muy elevados que los seres humanos aún no logramos integrar y ni siquiera comprender por más que algunos se estén esforzando. Verás que con la explicación de este número más adelante, comprenderás a qué me refiero. Ahora te cuento de estos 3 números

CUENTA CON EL UNIVERSO

ONCE

¿Conoces la historia de Oprah Winfrey? Es una de las más inspiradoras y es el mejor ejemplo de la misión del número maestro 11.

Oprah, a pesar de haber enfrentado muchos desafíos desde chiquita, desde las limitaciones económicas de su familia, el racismo constante, hasta los terribles abusos que sufrió, no dejó que esto la destruyera, al contrario, mantuvo en alto su idealismo, desarrolló su empatía y logró transmutar todas esas experiencias dolorosas en consciencia. Se puso a estudiar, desarrolló su poder de comunicación y a pesar de muchos obstáculos entró a trabajar en un programa de radio de su ciudad que la hizo despegar hacia la persona que es hoy.

Tuvo un programa de televisión *The Oprah Winfrey Show* que se convirtió en el programa de entrevistas más exitoso de la historia. Usó su carisma, su elocuencia, su empatía, su inteligencia, consciencia y todos sus dones para inspirar y empoderar a otros. Fundó su propia cadena televisora, construyó una escuela para niñas en Sudáfrica y hoy es una de las filántropas más generosas del mundo.

CAPÍTULO 6. .... *Los números maestros 11, 22 y 33*

Así que si tu número es el 11, pon mucha atención para que logres vislumbrar tu gran abanico de dones, oportunidades y posibilidades.

Si tu número es el 11...

El 11 es el maestro de consciencias, el maestro inspirador. Tiene como propósito la trascendencia ideológica y la conexión a otro nivel. Abarca las energías 1, 2 y 7 en su vibración más elevada.

Personalidad

Estás aquí para abrir consciencias. Tu legado tiene que ver con la inspiración, la creación y la transmisión de una nueva filosofía de vida. Para eso tienes la habilidad de ser una persona creativa, intuitiva, idealista y sabia. Tienes poder de comunicación y el don de transmitir paz y armonía, autoridad y profundidad. Sirves de guía a los demás y podrías tener o desarrollar fácilmente, cualidades de clarividencia, clariaudiencia, clariconsciencia, mediumnidad y canalización en cualquiera de sus formas.

Tienes que ser muy consciente de tus actitudes y decisiones, ya que puedes caer en la tentación de la falsa iluminación y la charlatanería o volverte una persona engreída, severa, egoísta y elitista; además, corres el riesgo de caer en adicciones u obsesiones por tu incesante actividad mental y tendencia a la evasión.

La frecuencia negativa de esta energía se observa en actitudes de desconexión, desconfianza, paranoia. Una persona en

CUENTA CON EL UNIVERSO

esta faceta se percibe inconsciente, negativa, enfermiza y acomplejada. Se le nota apagada, en victimización constante, apática y melancólica.

Señales de alarma

Algunas de las señales de alarma serían el descuido personal, depresión, consumo de drogas, corrupción, tendencia a caer en fraudes, trampas y actos fuera de la ley.

Aprendizaje

Tu aprendizaje principal es lograr un equilibrio entre el mundo mental, espiritual, emocional y material. Elevarte sobre aquellas experiencias amargas o dolorosas, y obtener un mensaje desde ellas. Actuar con coherencia, congruencia y aprender a vivir el presente conectándote con tus sentidos.

Profesión y actividades

Sí, ya sé que la labor del 11 suena muy profunda y elevada a la vez, pero eso de abrir consciencias y ser un canalizador o canalizadora natural, no necesariamente implica que te conviertas en médium, monje budista o una versión alternativa de Oprah Winfrey, ¡no! La escritura, literatura, expresión artística y todo lo que abarque comunicación, inspiración y transmisión de mensajes podría ser una excelente manera de inspirar, convertirse en canal y abrir esas consciencias. Así como en actividades como la docencia, instrucción,

CAPÍTULO 6. .... *Los números maestros 11, 22 y 33*

capacitación, etcétera y naturalmente en filosofía, religión, medicina alternativa y temas esotéricos y espirituales que también son una gran opción para aprovechar y poner al servicio tus dones.

Para canalizar y equilibrar tu energía

Es indispensable tu práctica espiritual, adoptar una filosofía de vida y una disciplina de meditación, oración o contemplación. Es recomendable que te mantengas aprendiendo, pero sobre todo compartiendo tus conocimientos con más personas, enseñando, escribiendo, inspirando y compartiendo tu sabiduría con humildad; pero de una manera profunda y seria.

Importante

Recuerda que tu energía 11, abarca la vibración 1, 2 y 7, así que puedes volver a leer la información de esos números para ampliar tu abanico de opciones, aprendizajes, habilidades y oportunidades.

VEINTIDÓS

CUENTA CON EL UNIVERSO

Cuando una persona con este número se sintoniza en el esplendor de esta energía maestra, ¡se nota un montón! Tanto en su frecuencia constructiva como en la destructiva. En la descripción entenderás por qué, pero con esta energía tenemos a Bill Gates, Donald Trump y Ernesto "Che" Guevara. Aunque me queda claro que ninguno de ellos tiene una reputación intachable, creo que no hace falta decir quién es el que claramente y a todas luces vibra en una frecuencia destructiva. Aun así, me parecen buenísimos ejemplos para que logres dimensionar la magnitud de la labor y el poder de un 22, sobre todo si este es uno de tus números.

Si tu número es el 22...

Es el maestro constructor y reformador. Su propósito es la trascendencia material y la superación constante. Abarca las energías 2, 4 y 8 en su vibración más elevada.

Personalidad

Este número te abre las posibilidades de hacer algo BIG, o sea, ¡construir en grande! Tenerlo te indica que estás aquí no solo para soñar en grande para ti, sino también para hacer algo que mejore la vida de las personas. Por esta labor, que ya te imaginarás que no es para nada sencilla, tu energía te dota de idealismo, creatividad, voluntad, capacidad de trabajo, disciplina, enfoque, intuición e integridad; sí, así como el 4, pero dirigidas y alimentadas por un gran idealismo, compasión, generosidad y fe. Verás que en tu camino se te abren oportunidades para relacionarte con cualquier persona,

CAPÍTULO 6. .... *Los números maestros 11, 22 y 33*

ambiente, cultura y estrato social para expandir tu consciencia y darte cuenta de todas esas cosas que puedes reformar. Recuerda que tienes todas las cualidades de la energía 2, 4 y 8, por si quieres regresarte a revisarlas.

Lo que debes tener muy presente y consciente, es que los asuntos materiales y de poder podrían sobrepasarte y en algún punto empujarte o jalar hacia lugares peligrosos, actitudes fuera del bien y la honestidad. Y es que tu energía es tan idealista que, las tentaciones podrían estar siempre rodeándote, atravesándose en tu camino y poniéndote a prueba. Corres no solo el riesgo de dejarte llevar por la ambición y empezar a comportarte de manera opresiva, codiciosa, desconsiderada y en algún punto maquiavélica; también empezar a desconectarte del anhelo de tu espíritu y terminar enfocándote únicamente en la satisfacción de tus necesidades superficiales del ego, olvidándote de la grandeza y bondad de tu ser.

Por otro lado, las mismas cualidades de tu energía tan fuerte podrían hacerte sentir como que llevas una carga muy pesada, sentir que tus anhelos son demasiado grandes para lo limitado de tus posibilidades. Así que toda esa fuerza e idealismo podrían convertirse en limitaciones, sensación de restricción y frustraciones. Entonces llega la pereza, la desidia y el conformismo que te llevan a vivir períodos —o una vida completa— de apatía.

Señales de alarma

Aquí lo más peligroso es que, como esta energía tiende a materializarlo todo, si no la equilibras puede llevarte a accidentes fuertes, pérdidas financieras y materiales; grandes desfalcos, fraudes; etcétera. Los riesgos de esta energía podrían ir muy lejos, pues cuando un 22 empieza a perder escrúpulos, puede llegar hasta la locura, y con ese poder que se le ha conferido, puede hacer mucho daño a su comunidad.

Aprendizaje

Tu aprendizaje principal se resume con el típico dicho de "¡créetela!" Vienes a reconocer que puedes hacer cosas grandes, a trascender cualquier limitación, ya sea física, económica, de conocimiento o de la propia percepción que tienes de tu ser. Esto no significa que te sientas superior a los demás, sino reconocer que con tus grandes capacidades tienes mucho que ofrecer.

Si sientes ese llamado a vibrar esta energía en todo su esplendor, entonces empieza por construirte. Trabaja en regular tus pensamientos y emociones, en practicar la compasión, empieza por reconocer tus logros aunque te parezcan pequeños, por validar tus sueños e ideas aunque te parezcan descabelladas. Pase lo que pase, ante cualquier circunstancia y experiencia, aun las más adversas, evita el rencor y las tentaciones terrenales; enfócate en la bondad y en la grandeza de tu espíritu y encuentra el propósito que se esconde y se eleva detrás de cada una de ellas.

Profesión y actividades

Como tu legado tiene que ver con la construcción material y de mejores realidades, mejores sistemas y mejores métodos en cual-

CAPÍTULO 6. .... *Los números maestros 11, 22 y 33*

quier área de la vida, te vienen perfecta la labor de construcción, invención, creación de sistemas, implementación de soluciones, administración, etcétera. Podrías unirte a grandes proyectos y eventos, siendo capaz de crear, organizar, dar seguimiento, llevar el control y supervisión de todas las tareas, acciones, recursos y acuerdos, para que todo salga en orden y funcionando con excelencia. Además, puedes asumir cargos políticos y de docencia para hacer cambios y reformas desde la raíz.

Para canalizar y equilibrar tu energía…

Sí o sí tienes que tener una disciplina física, de la mano de una práctica espiritual constante. Haz ejercicio, un deporte que disfrutes y te ayude con el tema de la flexibilidad y, al mismo tiempo, te ayude a activar la parte creativa de tu cerebro para encontrar soluciones. Medita, respira, mantente en el presente. Cada vez que empieces a percibir estancamiento en un área de tu vida, sal a dar un paseo, de preferencia, en contacto con la naturaleza. Descálzate y percibe el silencio, respira, escucha, huele, observa, siente, saborea la vida.

Una vez más, te sugiero volver a leer la información del 2, 4 y 8 para ampliar tu abanico de opciones, aprendizajes, habilidades y oportunidades que abarca el número 22.

CUENTA CON EL UNIVERSO

TREINTA Y TRES

Este número siempre me da tema y es el que más se presta al debate, así que especialmente, si uno de tus números es el 33, permíteme explicártelo de una manera un poco distinta a los anteriores.

El número 33…

Es el maestro del amor universal e incondicional. Su propósito es la trascendencia emocional y los apegos, a través de la compasión y entrega por la humanidad. Abarca las energías 3, 6 y 9 en su vibración más elevada. Pero espera… Sucede que hay muchas personas que encontraron por ahí la información o alguien les dijo que eran un 33, pero no les aclararon la magnitud de la misión de esta energía, y el grado de elevación y desprendimiento que requiere una persona para vibrarla verdaderamente en su calidad maestra. Por supuesto que mucha gente podría encontrarlo en sus números, sobre todo en el poder del nombre o camino de vida, pero de ahí a vibrarlo así de elevado, es otro boleto.

CAPÍTULO 6. .... *Los números maestros 11, 22 y 33*

Una persona con un 33 entre sus números, que tiene una vida cotidiana como todos, que implica trabajo, familia, amistades, etcétera, lo que suele percibir es una especie de llamado al altruismo, un alto grado de generosidad y el ideal de un mundo en el que todo sea bondad y amor incondicional, y sí, eso es un indicador de que su número maestro está presente, latente y disponible para esa persona. El tema es que hay una cualidad extra que este número exige y que muy pocos han sido capaces de llevar a cabo. Esa cualidad es el desapego y desprendimiento total, tanto de lo material como de lo emocional y lo mental; o sea, lo que implicaría la verdadera entrega y amor incondicional, pues la misión de estas personas es literalmente ofrecer, dedicar y dar su vida por la humanidad, independientemente de si tienen que desprenderse y dejar atrás comodidades materiales; soltar y decir adiós a apegos emocionales como padres, hermanos, hijos o el propio ser, porque todo es impermanente, nada les pertenece y al contrario, ellos pertenecen a la humanidad. ¿Me explico?

Seguramente, tienes muy claro por qué el arquetipo, por excelencia de esta energía maestra, es nada más y nada menos que Jesucristo. Te hablo de arquetipos porque en mis quince años estudiando y practicando la numerología, no he encontrado ejemplos reales y actuales de esta vibración realizando su labor en esa magnitud; en cambio, lo que sí he detectado son personas que lo vibran con las cualidades del 3, el 6 y el 9 —que son las energías que abarca el 33— en una frecuencia sumamente elevada y constructiva. Haciendo activismo y grandes obras de caridad, creando programas para favorecer a comunidades y países enteros, dedicando su tiempo a dar charlas, ayudar en zonas de hambruna y desastre, y a crear consciencia de compasión en favor de la construcción de un mundo ideal. Pero debo decir que también he notado que hay muchas personas con esta energía que se dejan arrastrar por una mezcla de las tres, llevadas a las profundidades de su frecuencia negativa y destructiva.

Las cualidades constructivas del 33 serían, entre otras, idealismo, optimismo, creatividad, alegría, generosidad, elocuencia y poder de comunicación; carisma, don de sanación con la palabra y con el tacto; amor por la humanidad, la naturaleza; etcétera.

En cambio, las destructivas se inclinan sobre todo, hacia estados de sufrimiento, arrebato, drama, sensación de rechazo y abandono constantes; secretos, frustraciones emocionales, situaciones trágicas y una vida llena de dolor y lágrimas frecuentes; lo que serían evidentes señales de alarma para una persona con esta vibración.

Dicho de otra manera, hay quien cree que ser un 33 implica solapar y sacrificarse por todos, regresar una y otra vez a los lugares y con las personas que la pisotean, aguantar y tolerar pobreza, maltrato, enfermedad, dramas, tragedias y todo eso que la hace estar en constante sufrimiento. Esto es un lamentable y tremendo error, pues el "sacrificio" del 33 es por la humanidad —no por las personas— y nunca, nunca, nunca, implicará sufrimiento, pues ese es generado por los apegos, a diferencia del verdadero amor incondicional que solo puede generar alegría y gratitud.

Esas personas que malinterpretan el 33 en su vida, tendrían que empezar por trabajar en su amor propio, aprender a poner límites, regular sus emociones, elevar su fe y sanarse a sí mismas para entonces, si fuera el caso, sanar y servir verdaderamente a los demás.

CAPÍTULO 6. .... *Los números maestros 11, 22 y 33*

Entonces, ¿qué puedes hacer con tu 33 para integrarlo a ti en su frecuencia constructiva? La respuesta es más sencilla de lo que crees.

1. El primer paso sería lo que estás haciendo en este instante, identificarlo en tus números.
2. Ahora divídelo en sus energías 3, 6 y 9 y obsérvate desde esas energías, identificando qué comportamientos corresponden a qué vibración y en qué frecuencia los percibes: constructiva, negativa o destructiva.
3. Enfócate en regular estas vibraciones para elevarlas a su lado constructivo empezando por el 6, recuerda que es la vibración base del 33 porque 3 + 3 = 6.
4. Ve paso a paso. No te dejes presionar por la idea de que tienes un número maestro —*esto aplica también para los otros*— y mucho menos si te dice que tienes que ser la persona más bondadosa, amorosa, elevada, incondicional y casi casi la reencarnación de la Madre Teresa de Calcuta ¡o del mismísimo Jesucristo! Por cierto, aunque la Madre Teresa podría ser otro arquetipo del 33, recuerda que te conté que su número de camino de vida era 9; pero como ves, elevar al máximo su vibración base, bastó para que trascendiera como esa persona generosa y entregada por la humanidad, aun sin tener un 33 en sus números.

En concreto...

Definitivamente, no podemos dejar de considerar el 33 como una vibración que ya está presente y latente en tu energía o en la de

CUENTA CON EL UNIVERSO

muchas otras personas. Pero al menos que ya estuvieras en un camino de entrega por la humanidad, realizando alguna actividad de tal magnitud —ante lo cual reconozco humildemente que no entendería por qué estarías leyendo este libro tan básico—, considérate mejor como un 6 que puede elevar muchísimo su vibración y tener a su alcance y disposición la energía 3 y 9 como parte de sus virtudes y potencial. Si lo haces así, entonces verás que cuando tu alma recuerde que está lista, el camino de trascendencia se revelará ante ti y la decisión estará en tus manos.

REFLEXIONANDO ACERCA DE TUS NÚMEROS

Ahora que has leído tus números y todos los demás y has llegado hasta aquí, la pregunta es ¿cómo te sientes con este conocimiento? ¿Con cuál sientes que te identificas más?

Recuerda que aunque el número de tu camino de vida, en teoría, te indica más atributos de tu ser personal y familiar, y tu número de poder del nombre los atributos más destacados de tu hacer en el mundo laboral y profesional; mi experiencia y mis observaciones en los cientos de consultas que he dado, me indica que en la práctica no hay gran diferencia.

Anteriormente, podría haberte recomendado que, como clave del éxito en tu profesión, te enfocaras más en tus atributos del nombre; y como clave del éxito en tu desarrollo personal, lo hicieras en los de tu camino de vida. Hoy te puedo asegurar que lo mejor es fluir con ambos e integrarlos en ti lo mejor que puedas, trabajar de manera muy consciente en los desafíos y aprendizajes de cada uno, combinarlos y turnarlos de manera intuitiva y como mejor te con-

CAPÍTULO 6. .... *Los números maestros 11, 22 y 33*

venga en tu día a día, con tal de obtener no solo el máximo provecho de ellos, sino también para alinearte con tu misión.

Recuerda que el éxito no es exclusivo de tu hacer y de una meta a la que quieres llegar en un futuro, sino de experimentar la realización en ese hacer, desde tu auténtico ser, mientras vives y avanzas paso a paso en tu camino.

Y ya que hablamos de avanzar en el camino, llegó la hora de identificar la energía de tu año actual y los que están por venir, para que sepas cómo "predecir" sus tendencias y dirigir tu futuro con claridad y certeza. ¿Vamos?

Capítulo 7

~~Predice~~ dirige tu futuro
—SIN BOLA DE CRISTAL—

En la primera parte de este libro te contaba que mi mayor shock en ese primer encuentro con la numerología fue cuando, calculando mis números, vi que ese año que estaba siendo más que jodido para mí, estaba claramente señalado en mi numerología. Lo malo era darme cuenta de que, tal como lo sentía, mi "destino" era que la vida me arrebatara en ese momento una vida a la que yo estaba muy aferrada y eso me generara circunstancias bastante incómodas. Lo bueno era enterarme y entender que todo eso tenía una explicación y, mejor aún, un propósito que parecía ser muy elevado.

El enfoque predictivo de la numerología me gusta mucho porque le da una explicación muy lógica y racional, a lo que algunos siguen considerando "adivinación".

Por supuesto que tal vez haya personas con dones de videncia o una intuición tan desarrollada que les dé la habilidad para ser muy precisos y adelantarse a escenarios sumamente específicos acerca de la vida de las personas. Pero ser vidente, escuchar voces y mensajes del más allá, créeme que no es un requisito para que puedas enterarte de las tendencias de tu futuro y calibrar algunas situaciones y escenarios para prepararte práctica y mentalmente para vivirlos. Mejor todavía, cuando logras entender tu vida como parte de una espiral de evolución constante, adquieres el poder de potenciar tus proyectos y tu vida en general.

¿A QUÉ ME REFIERO CON ESO DE LA ESPIRAL?

Los pitagóricos se dieron cuenta de que en el universo todo evoluciona por ciclos, en donde cada ciclo tiene un principio y un final que se conecta con el inicio de un nuevo ciclo; pero no al mismo nivel, sino un nivel más arriba, es decir, aunque pareciera que todo se repite en círculos, en realidad es una espiral.

CAPÍTULO 7. .... *Predice dirige tu futuro*

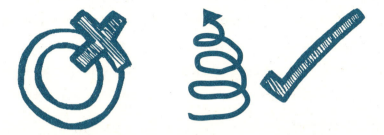

En la vida y el universo podemos observar diferentes ciclos, los de 5 años, 7 años, 9 años, 12 años, etcétera, incluidos los de mucho más tiempo. Cada uno de estos ciclos tiene un enfoque particular, pero el que refleja la vida y crecimiento de un ser humano es el de 9 años, así, el número 9 es el que marca nuestra gestación. Cada uno de nosotros, de acuerdo con nuestra fecha de nacimiento podemos detectar cuál fue la energía que marcó nuestra llegada a este mundo (lo señala nuestro número de camino de vida) y en qué años y edades se marcan el inicio y el final de cada uno de ellos conforme avanzamos en la vida.

Identificar y entender tu ciclo de crecimiento personal y cada una de sus fases, desde la 1 a la 9 pasando por todas las de en medio, es crucial para vivir tus procesos, comprender tus experiencias, aprovechar el flujo natural de tu energía como parte cocreadora del universo, hacer lo que te corresponde para aprender las lecciones que tengas que aprender, experimentar tu realización, recibir la abundancia que también te corresponde y dejar de pelearte con la vida ¡de una vez por todas! *Literal*, "¡pare de sufrir!"

CUENTA CON EL UNIVERSO

Esto explica por qué, aunque lo parezca, en numerología no hay tal cosa como la adivinación. Todo lo que acontece está matemáticamente calculado y ordenado de tal manera que, aunque nuestro libre albedrío se mantenga intacto y el universo que habitamos esté regido por el caos, nos sigue señalando tendencias precisas, pues hasta el mismo caos tiende a seguir las reglas y principios universales.

Con este tema podríamos ir tan profundo como nos diera la cabeza, pero en este libro son dos los cálculos que te quiero compartir, ya que nos ayudan a identificar la información más relevante y práctica para nuestro crecimiento personal y espiritual, estos son: la madurez energética y el año personal.

LA MADUREZ ENERGÉTICA

Este fue el dato que te dije que me dejó en shock cuando sentía que mi vida se desmoronaba, y que me ayudó a darle sentido a mi proceso.

Se refiere a una edad específica que está marcada en nuestra vida, en la que estamos invitados a cortar el cordón umbilical y energético de nuestra familia de origen, para empezar a reconocer nuestra propia energía y sintonizarnos con nuestro camino de vida. Este dato se calcula tomando el 36 como número de referencia, ya que es un número cabalístico que se usa como elemento de perfección en muchas disciplinas. A ese número 36 le vas a restar tu número de camino de vida y el resultado va a ser la edad de tu madurez energética.

CAPÍTULO 7. .... *Predice dirige tu futuro*

Por ejemplo, si tienes camino de vida 9, vas a restar

$$36 - 9 = 27$$

Checa que aquí no buscamos una vibración, sino una edad, por eso aquí no aplica la reducción. Ese número que te salió así se queda y es la edad de tu madurez energética.

En el caso de los números maestros, vas a hacer esa misma resta dos veces porque vas a sacar dos edades distintas. La primera con el número maestro como tal, sin reducir, y la segunda con la vibración base del número maestro. La vibración base del número maestro 22, es 4; la del número maestro 11, es 2.

Por ejemplo, si tienes camino de vida 11 vas a restar primero:

$$36 - 11 = 25$$

Y luego

$$36 - 2 = 34$$

Así que tu primera edad es 25 años, y tu segunda edad 34 años.

Esto indica que la vida te da un período de preparación, a más temprana edad, para empezar a vivir lecciones de tu energía maestra, y así reforzar tu madurez energética cuando llegas a la otra edad. Para quienes tienen camino de vida 22, sus lecciones maestras se activan a los 14, para reforzar su madurez energética al llegar a los 32.

CUENTA CON EL UNIVERSO

¿YA CALCULASTE LA TUYA?

Aquí la información no tiene que ver con una descripción o significado de la edad que te salió, como sucede con tus otros números. De hecho, lo que esta edad revela es más puntual aún, y es que señala ese período de tiempo en que viviste o vivirás eventos y situaciones que marcan un antes y un después en tu vida. El tipo de eventos están en un enorme abanico de opciones, que van desde situaciones incómodas como divorcios, pérdidas laborales o financieras y despedida de personas que amas o que se perciben de manera más amable como la liberación de un trabajo, relación o situación que te limita, la oportunidad de mudarte y empezar una nueva vida en otro lugar, un libro, un curso, una persona que llegó a ti para abrirte la consciencia, la llegada de un hijo, etcétera.

Pero atención aquí porque esa edad que detectaste, es solo un punto de referencia, ya que como en la vida hablamos de procesos y transiciones, los sucesos se empiezan a dar desde un año antes y hasta un año después de esa edad.

Como te platiqué que me sucedió a mí, ese año que para mí estaba siendo jodidísimo, fue precisamente parte de mi proceso de madurez energética con situaciones al principio bastante difíciles, como mi separación a finales del 2007, la muerte de mi abuela —con quien tenía un gran apego— en el 2008, mi insatisfacción profesional y la falta de recursos económicos, etcétera. Hasta que finalmente, en el 2009, y hasta la madre de mi "mala racha" y consciente de que mi actitud ante la vida no podía seguir así, empecé a buscar respuestas en terapia, libros, meditación, cursos, la numerología y *voilà*; todo resultó ser parte de una deconstrucción y reconstrucción para empezar a vivir una nueva

CAPÍTULO 7. .... *Predice dirige tu futuro*

etapa, con mayor autenticidad, madurez, consciencia y responsabilidad por mi vida.

No te voy a mentir, ni quiero ser simplista, claro que la muerte de mi abuela siguió doliendo, claro que extraño su presencia aun después de quince años, y no te imaginas cuánto desearía que estuviera viva hoy para sentirme orgullosa de verla con mis libros en sus manos. También mi divorcio fue bastante triste, y para mi ex y para mí no fue rápido ni fácil encontrar el camino adecuado para ser amigos y estar en el mismo canal acompañando y guiando a nuestro hijo. Salir de la mala racha económica también me tomó un gran esfuerzo y fuerza de voluntad. Para encontrar mi satisfacción profesional también tuve que ser valiente y arriesgarme a cometer muchos errores en el camino para experimentarla.

Pero la gran ventaja de conocer este punto o edad de inflexión en tu vida, es observarlo como una parte determinante de tu proceso de crecimiento, vivirlo con la consciencia de que tu camino es siempre ascendente y que, así como tú, las personas que te rodean también están viviendo sus propios procesos. De esta manera, se hace mil veces más fácil fluir con esos acontecimientos drásticos de tu vida y continuar avanzando con confianza, calma y gratitud. Siempre con la fe y la certeza de que la vida es buena y que detrás de todo siempre puedes encontrar algo bueno. Sí, con todo y el dolor, la incomodidad o la incertidumbre que puedas sentir en ese caminar.

Si ya viviste tu madurez energética o estás ahora en ella, y la percibes como una racha difícil, te servirá tener presente lo anterior. Y si aún no has llegado a esa edad, ¡no te asustes por favor! A partir de este momento y con la consciencia de ella, acabas de adquirir una gran ventaja. Cuando llegues a ese período y notes que algunas cosas empiezan a moverse y a cambiar, sabrás recibir

CUENTA CON EL UNIVERSO

esa energía con los brazos abiertos para fluir más amablemente hacia esa madurez. Podrías hasta propiciarla, empezando por cuestionarte todas las creencias, conceptos, hábitos, tradiciones, deseos y objetivos de vida que compartes con tu familia de origen, entonces, identifica los que realmente resuenan contigo y de cuáles te puedes liberar para ir al encuentro de tu ser más auténtico y empezar a transitar tu camino de vida.

¿Ya viviste esa edad? ¿Qué experiencias identificas que fueron parte de tu proceso de madurez energética? ¿Cómo las ves ahora que entiendes su propósito?

Tal vez quieras tomarte un minuto para hacerte estas preguntas porque aquí viene otra revelación: estos cierres y nuevos comienzos se repiten cada 9 años. O sea, que si a la edad de tu madurez energética le vas sumando 9 y luego otra vez 9 y otra vez 9; etcétera, sabrás las edades en las que se presentarán —*aunque no en la magnitud de tu madurez energética*— cambios relevantes en tu vida, que implican cierres y nuevos comienzos.

Por ejemplo, mi madurez energética fue a los 29 años, así que hago lo siguiente:

$$29 + 9 = 38$$
$$38 + 9 = 47$$
$$47 + 9 = 56$$
$$56 + 9 = 65$$

... y así te vas.

CAPÍTULO 7. .... *Predice dirige tu futuro*

Alrededor de mis 29 viví todo eso que ya te conté. A mis 38, con mi hija Carolina recién nacida, volvían las desveladas amamantando y cambiando pañales, mientras llevaba mi negocio al siguiente nivel. Al principio me costó trabajo, pero lo he ido logrando. En el 2026 cumpliré los 47 y ya me estoy preparando para fluir con esa energía de renovación y propiciar mi siguiente paso. ¡Qué emoción! Pero ¿qué sucede durante esos 9 años? Ahora vamos a eso.

TUS AÑOS PERSONALES

Desde que empiezas un nuevo ciclo hasta que lo terminas, la vida te va otorgando la energía que requieres para ir avanzando, mientras crea las condiciones necesarias que propicien tu crecimiento durante ese ciclo.

Todo está perfectamente secuenciado para que vayas paso a paso y que en cada paso vayas integrando las herramientas que requieres y aprendiendo las lecciones que necesitas para tu crecimiento personal en todos los aspectos, pero también para alcanzar tu siguiente nivel de consciencia y evolución espiritual.

Entonces, cada año tiene su propia energía y su propio ritmo para llevarte de la mano en esa evolución y señalarte el camino —o empujarte hacia él— para que no te desvíes. No obstante, el ego y nuestras creencias más arraigadas acerca del éxito, el deber ser, la moral, la sociedad, la familia, etcétera, hacen tanto ruido que nos impiden escuchar la voz de nuestra sabiduría interior. Nos aferramos a que las cosas sucedan de determinada manera, vamos contra corriente y cuando las cosas no fluyen, o peor aún, cuando logramos lo que nos proponemos y después nos damos cuenta de que en

CUENTA CON EL UNIVERSO

el camino perdimos algo valioso para nosotros, entramos en crisis, decepciones y frustraciones.

Conocer la energía que te trae cada año según tu fecha de nacimiento, qué ritmo y tendencia tiene, qué herramientas energéticas te otorga y con qué propósito, puede hacer toda la diferencia para fluir con tu crecimiento y evolución. Y además, te sirve para aprovechar tu año, tu etapa y tu vida, con la comprensión de tus experiencias del pasado, la claridad para tomar decisiones en tu presente y caminar con certeza y tranquilidad hacia tu futuro, con la consciencia de que toda experiencia es una oportunidad para crecer. Pero para calcular tu año personal, primero debo mencionar el año universal porque es el que usamos como base de todos.

EL AÑO UNIVERSAL

Es el que señala la vibración y energía que nos afecta a todos como colectivo, y de acuerdo con esa vibración es que vemos ciertos retos y temas que acaparan el foco de la humanidad cada año porque, así como cada uno de nosotros tiene su propio ciclo de evolución, todos contribuimos en el ciclo evolutivo del colectivo también.

El año universal es muy fácil de calcular porque solo tenemos que hacer la suma y reducción —si aplicara— de los dígitos del año que corresponde. Por ejemplo, el 2025 es un año 9 porque la suma de 2 + 0 + 2 + 5 da 9.

Para saber la vibración del 2026 sumamos

$$2 + 0 + 2 + 6 = 10$$

CAPÍTULO 7. .... *Predice dirige tu futuro*

Y en este caso sí tenemos que reducir sumando

$$1 + 0 = 1$$

Aquí también se tienen que tomar en cuenta los números maestros como sería en el 2027, pues si sumamos 2 + 0 + 2 + 7 da 11 y ya no reducimos porque es un año con energía maestra. Y para acabar pronto, aquí te dejo una lista de las vibraciones a nivel colectivo que tendrán este y los próximos 9 años:

- 2025, año universal 9.
- 2026, año universal 1.
- 2027, año universal 11.
- 2028, año universal 3.
- 2029, año universal 4.
- 2030, año universal 5.
- 2031, año universal 6.
- 2032, año universal 7.
- 2033, año universal 8.
- 2034, año universal 9.

Como ves, el año 9, en el 2025, es el último de nuestra etapa o ciclo colectivo actual, iniciamos uno nuevo en el 2026, y en el 2034, vuelve a ser año 9; o sea, el final de otra etapa.

¿Cómo influye el año universal en nosotros? De entrada, nos indica el ambiente general que se percibirá en el mundo y los temas que van a acaparar nuestra atención a nivel global. Pero ahora no me quiero detener a explicar los años con su enfoque universal, porque aquí lo que nos importa son los temas que a ti, a mí y a cada uno de nosotros, nos toca atender de manera personal, ya que esa lección de evolución del año universal se cumple cuando cada quien se hace cargo de su propia evolución.

Funciona como en cualquier empresa que, aunque tenga una misión y ciertas metas globales cada año, no se trata de que todos nos pongamos a hacer todo lo que requiere la empresa, sino que cada uno se ponga a trabajar en lo que le corresponde y complete sus tareas lo mejor que pueda, para que, al sumar esos logros de todos, cumplamos juntos con esas metas y esa misión general ¿me explico?

¿CÓMO CALCULAS TU AÑO PERSONAL?

Debes hacer la suma igual a la que hiciste para calcular tu camino de vida, pero en lugar de hacerlo con tu año de nacimiento, lo harás con el año en curso.

María, que nació el 21 de enero, lo haría así:

$$21 + 1 + 2025 = 2047$$
$$2 + 0 + 4 + 7 = 13$$
$$1 + 3 = 4$$

María está en su año personal 4.

Si María quiere saber la vibración de su año personal en 2026, sumaría:

CAPÍTULO 7. .... *Predice dirige tu futuro*

$$21 + 1 + 2026 = 2048$$
$$2 + 0 + 4 + 8 = 14 \text{ y}$$
$$1 + 4 = 5$$

El 2026, es su año 5.

Juan Carlos, del 5 de octubre, haría esto para el 2025:

$$5 + 10 + 2025 = 2040$$
$$2 + 0 + 4 + 0 = 6$$

Así que el 2025 es su año 6

Por lógica y siguiendo la secuencia, para Juan Carlos, el 2026, es su año 7, el 2027, es su año 8; el 2028, es su año 9; etcétera.

También en los años personales hay que considerar los números maestros. El 2025 sería el año 11 para alguien que nació el 15 de mayo, pues:

$$15 + 5 + 2025 = 2045 \text{ y}$$
$$2 + 0 + 4 + 5 = 11$$

Escanea este código QR
para ver un tutorial de este cálculo.

De acuerdo con las preguntas que más me hacen en cursos y redes sociales, te adelanto un par de puntos que son los que generan dudas:

- La vibración de tu año abarca de enero a diciembre. Es sencillo, cuando cambia el año, cambia la suma y, por lo tanto, el resultado. Existe otro dato que va de cumpleaños a cumpleaños —*el tránsito personal*—, pero ahora nos enfocaremos en el año personal, y como te digo, va de enero a diciembre.
- Entender por qué el cálculo de tu año personal no incluye tu año de nacimiento, sino que lo reemplazas con el año en curso —o cualquier año que quieras proyectar— tiene su sentido. Y es que, aunque tu camino de vida te señale una misión determinada, integrar todas las demás energías te ayuda a cumplirla mejor. Así que, si te fijas, tus años personales te indican un camino de vida diferente cada año para que puedas experimentar en carne propia esa energía, aprendas a regularla, disfrutes sus beneficios, oportunidades y aprendas sus lecciones.

Si ya calculaste tu año personal actual, sería buen ejercicio identificar de una vez todos los años que abarcan tu etapa actual, del 1 al 9, para relacionar tus experiencias y situaciones vividas con las descripciones de cada año, entiendas su propósito, tu actitud ante ellas y te prepares para las siguientes.

Puedes hacerlo en este espacio:

CAPÍTULO 7. .... *Predice* dirige tu futuro

_____
_____
_____
_____
_____
_____
_____

¡Aquí vamos!

AÑO 1

Vienes de cerrar una etapa y estás en el primer escalón de la siguiente. Eso significa que tienes que hacer espacio para lo nuevo. Si a estas alturas aún tienes cosas, personas, actividades y hábitos en tu vida que te están reteniendo, es momento de decirles adiós de una vez por todas para seguir avanzando.

La tendencia de este año es empujarte hacia adelante, aunque esto signifique darte una patada por detrás. Si las ideas, las propuestas, tus sueños y el entusiasmo empiezan a presentarse y no te atreves a ser valiente para dar ese salto de fe, es probable que pronto experimentes una sensación de hartazgo e impaciencia.

CUENTA CON EL UNIVERSO

En este año te conviene:

- Probar nuevas experiencias y pasatiempos.
- Darte la oportunidad de conocer gente nueva.
- Cambiarte de casa, ciudad o país.
- Iniciar un negocio o un nuevo trabajo.
- Hacerte un cambio de look.

Evita:

- Actuar de manera impulsiva e imprudente.
- Dejarte abrumar por tus inseguridades y quedarte quieto o quieta.
- Confundir tus deseos de independencia con aislamiento.
- Iniciar cosas que sabes que no vas a concretar.

El propósito de este año es que logres sembrar las semillas que regarás y harás florecer durante los siguientes ocho años, con total frescura y una identidad renovada, así que la clave para lograrlo es actuar como si fueras una persona con energía 1, pues las herramientas que tendrás a tu alcance y terminarás de forjar durante este año, son precisamente las cualidades de una persona con esta misma energía.

AÑO 2 (QUE EN REALIDAD ES 11)

En 1998 dejaron de haber años personales 2, y el año 2000 fue el último año 2 universal. O sea, el cálculo de los años personales que antes daba lugar a los años 2, a partir de 1999, la suma

CAPÍTULO 7. *Predice dirige tu futuro*

nos conduce invariablemente a un 11, y como este es un número maestro, no se reduce. Aun así, esta energía maestra lleva implícita temas de la energía 2.

El año 11 es el segundo año en tu nueva etapa y viene a iluminar y señalar los aspectos de tu vida que se han visto limitados y ya es hora de trascender. Eso significa que, de repente, pueden salir a la luz secretos, obstáculos, pensamientos o anhelos que estaban ocultos y que ahora puedes observar con consciencia para entender su propósito y aprender de ellos.

La tendencia de este año es a desacelerarte el paso para que puedas reflexionar, encontrar soluciones, prepararte y tomar las decisiones correctas. Te invita a aumentar tu autoridad y a subir de nivel en todos los aspectos. Si se presentan situaciones que te harían dar un giro de 180 grados a tu profesión, tu estabilidad material, emocional, familiar, a tu manera de ver la vida en general, evalúa bien la situación y busca a esos apoyos y mentores que ayuden a aclarar tu panorama e inspiren tu camino. ¡Todo es posible!

En este año te conviene:

- Tomar algún curso, certificación o elevar tu nivel de estudios.
- Hacer una transición profesional, familiar o espiritual según se te presente.
- Reflexionar, meditar, escribir e inspirarte de alguna manera.
- Compartir tus conocimientos o ser guía para alguien más.
- Probar suerte en una cultura o país diferente al tuyo.

CUENTA CON EL UNIVERSO

Evita:

- Abrumarte por pensamientos negativos y obsesivos.
- Evadirte y postergar decisiones importantes.
- Firmar documentos y contratos sin antes comprender todo perfectamente.
- Tentaciones para actos y negocios fuera de la ley y la consciencia.

El propósito de este año es que adquieras un mayor grado de expertise y consciencia, para que en tus siguientes 7 años puedas manifestar lo que te corresponde por derecho divino. Para lograrlo, la clave es tomar acción como lo haría una persona con energía maestra 11, ya que la vida te pondrá al alcance las herramientas y virtudes de esa misma vibración.

AÑO 3

En este tercer año de tu etapa la vida te invita a relajarte de tanto pensar para dejarte llevar por tus sueños y los deseos de tu corazón, tal como lo hacen los niños. Así que de pronto verás que hay una variedad de opciones y oportunidades que antes no habías podido ver o simplemente no les habías hecho caso.

La tendencia de este año es que puedas liberarte de todo aquello que no te permite ser feliz y te aleja de tus sueños, empezando por expresar todo lo que te has callado, compartir tus ideas y expandir tu círculo social para encontrar el eco que buscas para ellas. Al mismo tiempo, te abre mil posibilidades para que pue-

CAPÍTULO 7. .... *Predice dirige tu futuro*

das conectar contigo y cuestionarte si lo que crees que quieres, es realmente deseo tuyo o estás obedeciendo a los deseos de tu sociedad, tu familia o alguien más. Esto te ayudará a comprometerte de verdad y enfocar mejor tus proyectos más adelante.

En este año te conviene:

- Expresarte y poner límites a lo que te está sometiendo.
- Explorar distintos hobbies y actividades.
- Expandir tu negocio o actividad profesional.
- Acudir a terapia para conectarte contigo y reconocer tus verdaderos deseos.
- Aprender algo que te divierta y te relaje.
- Hacer un viaje familiar o con amigos.

Evita:

- Acumular ira e inconformidades que después te hagan estallar.
- Prestarte a chismes y mentiras.
- Decir sí a todos los compromisos sociales, familiares y profesionales, que sabes que no deseas cumplir.
- Gastos innecesarios y frivolidades.

El propósito de este año es que vuelvas a ver el lado bonito de la vida, que la disfrutes más, que logres ver que hay muchas cosas que te hacen sonreír a pesar de las dificultades, y que reconozcas esos talentos y deseos que has tenido que hacer a un lado por dar prioridad a tus responsabilidades. Es importante que te rodees de personas que en realidad aportan algo valioso a tu vida y respetan tu libertad de acción y expresión. Para lograrlo, la clave es actuar como lo haría una persona con energía 3, ya que la vida te pondrá al alcance las herramientas y virtudes de esa misma vibración.

AÑO 4

Este cuarto año de tu etapa, se trata de ponerte en acción y empezar a hacer lo necesario para que tus sueños empiecen a ser una realidad. Los temas que acaparan tu atención serán los relacionados con tu hogar, trabajo, economía, cuerpo y hábitos. Tendrás que revisar tus creencias, conceptos, costumbres y tradiciones, para ser flexible y remover las que tengas que remover, con tal de no estancarte.

La tendencia de este año es sacudir un poco tu estabilidad para que identifiques las áreas que requieren atención y refuerzo para construir tus nuevos sueños sobre una base más sólida. La vida te pide orden, seriedad, disciplina, compromiso, perseverancia, fuerza de voluntad y un buen grado de paciencia. Ya no le pienses tanto, ¡entra en acción!

En este año te conviene:

- Aterrizar tus planes para ponerlos en marcha.
- Hacer arreglos y remodelaciones en casa y lugar de trabajo.
- Retomar la buena administración e iniciar un plan de ahorro.
- Formalizar acuerdos, alianzas y relaciones.

CAPÍTULO 7. .... *Predice* dirige tu futuro

- Activar trámites y proyectos estancados.
- Iniciar rutinas y hábitos más saludables.
- Buscar un mejor puesto o un mejor trabajo.

Evita:

- Agobiarte por las complicaciones y retrasos en proyectos. ¡Persiste!
- Desconectarte de tus emociones.
- Dejarte vencer por la pereza y la procrastinación. ¡Actívate!
- El desorden y la falta de organización.
- Gastos irresponsables e inversiones intangibles.
- Sobreexigirle a tu mente y cuerpo. Si te duele algo, hazte un chequeo.

El propósito de este año es que logres una vida más satisfactoria, más estable, más saludable y que te dé mayor certeza y seguridad en todos los aspectos. Se trata de reconocer tu fuerza y capacidad; que tengas claro que sí puedes y que cuando te lo propones y te comprometes con tus metas, eres capaz de vencer cualquier obstáculo.

Para lograr este propósito, la clave es tomar acción como lo haría una persona con energía 4, ya que la vida te pondrá al alcance las herramientas y virtudes de esa misma vibración.

AÑO 5

Aunque este año podría ser muy divertido y apasionante, también podría traerte una crisis que te impulse a seguir avanzando. Así que necesitas rebelarte y salir de tu zona de confort, pues es la única manera de que aquellos temas que sientes obstaculizados o estancados puedan seguir fluyendo. Eso significa que vas a tener que ser flexible con tus planes, pensar rápido y actuar de manera práctica para resolver lo que se te presente, porque además, es un año que te puede traer muchas sorpresas e imprevistos.

La tendencia de este año es aumentar tu necesidad e impaciencia por avanzar, así que con el entusiasmo podrías sentirte más intolerante que de costumbre. También tu curiosidad aumenta y esas rutinas que antes te daban seguridad, ahora te podrían provocar aburrimiento y deseos de explorar otros caminos totalmente diferentes. Hazlo, pero procura hacerlo sin perder el enfoque de tus metas o caer en actitudes irresponsables.

En este año te conviene:

- Hacer cambios en tu vida: casa, país, rutinas, trabajo, pareja, forma de pensar; etcétera.
- Toma un curso o aprende algo diferente a tus temas habituales. Abre tu mente.
- Rompe con tradiciones y costumbres que sientas que te estancan.
- Pon límites y confronta de forma asertiva esa situación o persona que te somete y te impide avanzar con libertad.
- Prueba distintas formas y métodos en tu negocio o profesión, para encontrar la que te funcione mejor.
- Practica algún deporte, conoce gente diferente, viaja y conoce lugares y culturas distintas.

CAPÍTULO 7. .... *Predice dirige tu futuro*

Evita:

- Aferrarte a tu zona de confort ante las crisis y cambios inesperados.
- Actuar de manera impulsiva, arrebatada e irresponsable.
- Hacer contratos o acuerdos a largo plazo.
- La apatía, la quietud y la comodidad. Muévete.
- Los excesos en todos los aspectos.

El propósito de este año es que explores realidades distintas y formas diferentes de hacer funcionar y ver la vida. Así evitarás estancarte, al contrario, podrás acelerar tu proceso, disfrutarlo más y obtener resultados más satisfactorios con menos esfuerzo. Para lograrlo, la clave es tomar acción como lo haría una persona con energía 5, ya que la vida te pondrá al alcance las herramientas y virtudes de esa misma vibración.

AÑO 6

Este sexto año de tu etapa te invita a regresar a la calma y enfocar tu atención a temas que tienen que ver con el cuidado de la familia, las relaciones, los grupos y las responsabilidades. Ahora es cuando te conectas con tu poder generador, nutritivo y protector para hacer equipo y establecer alianzas más sanas y armoniosas.

La tendencia de este año es aumentar tus responsabilidades en la familia o trabajo, al mismo tiempo que aumenta tu sensibilidad emocional. Así que sus lecciones tienen que ver con aprender a mantener tu equilibrio para generar armonía a tu alrededor. Tienes que aprender a ponerte en primer lugar de tu lista de prioridades y entender la diferencia entre el amor y el apego, para apoyar sanamente a los demás. Esto será todo un aprendizaje.

En este año te conviene:

- Hacer una evaluación objetiva de tus lazos y amistades, para hacer un filtro.
- Retomar la buena nutrición y hábitos de salud y autocuidado.
- Integrarte a nuevos grupos, aceptar apoyos y establecer alianzas profesionales.
- Entablar conversaciones amorosas y asertivas con tu familia.
- Sanar tu relación con mamá.

Evita:

- Sacrificar tus necesidades por favorecer las de tu familia y amigos.
- Asumir demasiadas responsabilidades en el trabajo.
- Sobreproteger o controlar a tus seres queridos.
- Callar u ocultar tus necesidades afectivas.

El propósito de este año es que encuentres esa red de apoyo con las personas adecuadas para recuperar tu equilibrio emocional, la calma dentro de ti y la armonía a tu alrededor, pues de esta manera tus relaciones se mantendrán sanas y tus acciones podrán seguir siendo productivas. La clave para lograrlo es actuar como si

CAPÍTULO 7. .... *Predice dirige tu futuro*

fueras una persona con energía 6, pues las herramientas que tendrás a tu alcance y terminarás de forjar durante este año son precisamente las cualidades de una persona con esta misma energía.

AÑO 7

Este año es el séptimo de tu etapa y su energía te señala los temas que necesitas observar para hacer una reestructura en tus metas, tus proyectos y tu manera de vivir, sobre todo, si hay sueños y objetivos que no has alcanzado. Para esto, tu mente se vuelve más profunda, más analítica y más reflexiva que de costumbre; pero también aumenta tu necesidad de mirar hacia tu interior y contactar con tu espiritualidad.

La tendencia de este año es aumentar tu actividad mental, así que podrías estar pensando, cuestionando y analizando todo, todo el tiempo, con tal de identificar el punto donde se generó tu insatisfacción y hacer algo para corregirlo. Darte cuenta de que has sido responsable de la realidad que estás viviendo hoy, te ayudará a reconocer que también tienes el poder para cambiarla, así que tendrás que confiar en ti para tomar decisiones verdaderamente relevantes.

En este año te conviene:

- Tomar terapia.
- Hacer un curso, certificación, diplomado o cualquier estudio de especialización que te ayude a sentir más seguridad en tu tema.

CUENTA CON EL UNIVERSO

- Delegar responsabilidades y repartir cargas de manera justa, para que puedas dedicarle el tiempo y la energía necesaria a tu proyecto de vida.
- Practica o retoma tu práctica espiritual. Medita, haz yoga, reza y ten momentos de silencio y quietud.
- Planea y reestructura tus proyectos y comprométete con ellos.

Evita:

- Alimentar pensamientos negativos y obsesivos.
- Encerrarte y aislarte del mundo exterior.
- Sobrecargarte de responsabilidades ajenas que te hacen evadir tu responsabilidad hacia tu proyecto.
- Dejarte agobiar por la culpa, la melancolía y la frustración.
- Ser demasiado perfeccionista y exigente contigo.

El propósito de este año es que dejes de mirar hacia afuera y reconectes contigo, que recuperes la confianza en ti, reconozcas tu sabiduría y tomes las riendas de tus decisiones para corregir el rumbo de tu vida en lo necesario. La clave para lograrlo es actuar como si fueras una persona con energía 7, pues las herramientas que tendrás a tu alcance y terminarás de forjar durante este año son precisamente las cualidades de una persona con esta misma energía.

AÑO 8

En este octavo año de tu etapa, tu transformación interna se manifiesta alrededor, pues te ofrece la cosecha de lo que has sembrado y

CAPÍTULO 7. .... *Predice dirige tu futuro*

trabajado durante los años anteriores. Su energía te dice que llegó tu momento de reconocer tu poder para superar obstáculos y alcanzar tus metas cuando te involucras de lleno, abriéndote la posibilidad para atreverte a ir por desafíos aún más grandes y ambiciosos.

La tendencia de este año es aumentar tu visión, tu espíritu de competencia, capacidad de mando y dirección. De repente podrías sentir como que la vida te empieza a quedar chiquita y es hora de empezar a poner en marcha tus mejores estrategias para crecer aún más. Pero también puede pasar que no te la termines de creer y empieces a poner más atención en tus dificultades que en tus capacidades. Esto te podría traer algunas situaciones en las que sí o sí tengas que creer en ti para salir adelante.

En este año te conviene:

- Atreverte a pedir un ascenso, emprender o llevar tu negocio al siguiente nivel.
- Revisar tus finanzas para invertir.
- Participar en concursos o competencias.
- Plantearte objetivos ambiciosos en todas las áreas de tu vida: familiar, profesional, salud; etcétera.

Evita:

- Abrumarte por los nuevos desafíos que se te presenten. ¡Tú puedes!
- Actitudes de abuso de poder, la ambición desmedida y dejarte llevar por el ego.

CUENTA CON EL UNIVERSO

- El despilfarro y los excesos que afecten tu salud y estabilidad.
- El trabajo y la autoexigencia excesiva.

El propósito de este año es que alcances la excelencia y consolides tu éxito en todos los aspectos. Que eleves tu autoconfianza y seas un ejemplo de superación constante. Para lograrlo, la clave es actuar como si fueras una persona con energía 8, ya que las herramientas que tendrás a tu alcance y terminarás de forjar durante este año son precisamente las cualidades de una persona con esta energía.

AÑO 9

Este es el año que cierra tu etapa, así que es como una graduación y como toda graduación, es agridulce. Por un lado, te toca recibir el reconocimiento y los aplausos por tus logros y aprendizajes; por otro lado, te toca despedirte de tu cotidianidad, tus rutinas, tus hábitos y de muchas de las personas que te han acompañado en el camino. Te toca dejar atrás toda una identidad a la que ya te habías acostumbrado y ahora tiene que renovarse para el siguiente paso.

La tendencia de este año es emotiva e intensa. De pronto empiezan a señalarse todos los aspectos de tu vida con un reflector tan potente que es imposible no detenerte a observarlos y hacerles una evaluación: tu casa, tu profesión, tu trabajo, tus amistades, tu pareja, tus costumbres, tus creencias. Te darás cuenta de todo lo que has aprendido, de que tus esfuerzos no han sido en vano, de que las personas y experiencias de tu vida, de manera cómoda o incómoda, dulce o amarga, te han ayudado a crecer y a fortale-

CAPÍTULO 7. .... *Predice dirige tu futuro*

certe. También te darás cuenta de que muchos aspectos de tu vida ya no están funcionando o bien, sientes que alcanzaron un tope y ya no te están aportando algo más. Entonces sabrás que llegó la hora de decir "gracias" y empezar a soltar.

En este año te conviene:

- Aceptar el rol de autoridad y las oportunidades que te dan reconocimiento y notoriedad.
- Compartir con generosidad y abundancia tus experiencias, sabiduría y recursos.
- Soltar ese trabajo o relación que ya no da para más.
- Retomar proyectos, trámites, conversaciones y asuntos pendientes para darles un cierre y evitar que sigan robándote energía.
- Saldar y cobrar deudas; finalizar compromisos y contratos; dejar atrás hábitos nocivos.

Evita:

- Aferrarte a dinámicas, personas, actividades y rutinas que no te permiten crecer y seguir adelante.
- Anclarte con pensamientos, rencores, culpas o deseos de venganza que no te permiten seguir avanzando.
- Dejarte arrastrar por las emociones intensas y el drama sin sentido.
- Asumir una actitud soberbia y demandante.
- Iniciar proyectos y relaciones si no has cerrado los anteriores.

CUENTA CON EL UNIVERSO

El propósito de este año es que reconozcas tu evolución en todos los aspectos, que sueltes y liberes con gratitud lo que ya cumplió su ciclo en tu vida y que empieces a reconocer, con entusiasmo, ese siguiente nivel que la vida te está ofreciendo. La clave para lograrlo es actuar como si fueras una persona con energía 9, pues las herramientas que tendrás a tu alcance son precisamente las cualidades de una persona con esta misma energía.

¿CÓMO VES? ¿QUÉ HAS DESCUBIERTO DE TUS EXPERIENCIAS DE LOS ÚLTIMOS AÑOS?

Lo que he observado en mis consultas y talleres cuando comparto esta información es que tiene un efecto liberador. Pero también resulta de gran ayuda saber lo siguiente:

- Aunque dos o miles de personas vivamos el mismo año personal, cada uno lo aborda desde su energía y toma decisiones desde sus propias creencias y nivel de consciencia, por eso siempre se vive distinto.
- La vibración de tu año actual la viviste hace nueve años y la vivirás otra vez dentro de 9 años; o sea, la energía de tu 2025, de tu 2016 y de tu 2034, están conectadas. Así que es muy probable que, por ejemplo, si este año estás pensando en mudarte, observes que hace 9 años viviste una mudanza. Si ahora estás iniciando un nuevo trabajo o cargo, podría ser que hace nueve años hayas iniciado tu trabajo anterior. También podría ser que, si ahora estás pensando en terminar una relación, hace 9 años hayas vi-

CAPÍTULO 7. .... *Predice dirige tu futuro*

vido una ruptura también. Pero recuerda que como no vivimos en círculos, sino en espiral, en ascenso, las mismas situaciones ahora las vives con otro nivel de consciencia, y eres capaz de tomar mejores decisiones con una actitud completamente distinta.

Te recomiendo empezar a hacer memoria y un registro por escrito de tus experiencias en años pasados, tus estados emocionales, tus actitudes, tus decisiones y los resultados que obtuviste de esas decisiones. Así, conforme vayas avanzando en tus siguientes años, puedas detenerte a ver todo en retrospectiva y reflexionar: ¿Crees que las decisiones que tomaste entonces fueron acertadas? ¿Te favorecieron?, o ¿tal vez crees que pudiste haberlo hecho de otra manera para obtener mejores resultados?

Es superimportante que recuerdes que en numerología hablamos de tendencias y no de sentencias, y algo con lo que no se puede meter nadie, ni yo, ni el cosmos, ni los números, *ni la bruja del 71*, es con tu libre albedrío. Tú tienes la responsabilidad, y esa responsabilidad te otorga el poder. Tú eres quien decide si te conviene repetir la historia o si ahora, con la consciencia de los resultados del pasado, optas por probar un camino distinto.

Sea como sea, te aseguro, y no me canso de repetirlo, que ¡la vida es buena!, así que siempre te va a poner las condiciones precisas para que cumplas esa misión que tu alma ha elegido en esta encarnación. Tú lo único que debes hacer es dejarte guiar, así que no tengas miedo, ten fe.

Por cierto, muchas veces, para darte esa guía para cumplir tu misión, la vida manda maestros de carne y hueso. Algunos los reconoces enseguida porque te toman la mano suavemente y te comparten su cobijo y sabiduría. Hay otros que cuesta más trabajo reconocer a simple vista porque más bien llegan con actitudes de *jijos de la ch...*

Lo bueno es que hasta para eso sirve la numerología, y te lo voy a contar en el siguiente capítulo: el de las compatibilidades.

Capítulo 8

~~Compatibilidad~~
aprendizaje en pareja

—NO TE CONVIENE EL AMARRE—

Conocí a Omar a mis veinte años y me enamoré perdidamente. Los dos fuimos muy felices durante un año, hasta que me enteré de que en realidad éramos tres, y lo peor del caso es que yo era la tercera.

Lo fatal fue que "luché" por él tres años más.

Sí, recordar este episodio de mi vida es una de las #cosasquememantienenhumilde.

En mi defensa, estaba en un proceso difícil —por un tema demasiado lúgubre para incluirlo en este libro— y tenía las defensas emocionales tan bajas que caía redondita una y otra y otra vez con el sujeto. Pero la verdad, en ese momento no me explicaba por qué estaba tan clavada y apasionada con seguir en esa relación.

Cuando la numerología llegó a mi vida, además de mi *temita* con los apegos y dependencias emocionales, entendí por qué a diferencia de mis otras relaciones —que no es que fueran muy sanas tampoco—, esa relación en especial tuvo esa dinámica tan obsesiva.

Pasé mucho tiempo deseando haber aprendido numerología desde mi adolescencia para "evitar" relaciones y situaciones difíciles como esa. Después me di cuenta de que lo valioso de saber numerología no iba por ahí. ¿Qué caso tendría ir por la vida ahorrándome relaciones y situaciones difíciles que serían las que terminarían reflejándome, de manera más evidente, las heridas que me quedan por sanar? Eso sería una evasión muy lamentable que me haría perder una oportunidad valiosísima para crecer.

Estoy convencida de que la numerología, más que para predecir el éxito o el fracaso en las relaciones, sirve para algo mucho mejor. Nos ayuda a comprender el aprendizaje constructivo de esas relaciones y nos da también las claves para que de manera consciente, podamos dirigir el enfoque de nuestros vínculos hacia la dinámica energética y evolutiva más natural y fluida.

CAPÍTULO 8. .... *Compatibilidad aprendizaje en pareja*

Aunque un estudio de compatibilidad se puede hacer con cualquier vínculo (socios, familiares, amistades, colaboradores, etcétera) y no es exclusivo para las relaciones románticas, en este libro lo enfocaremos así. De cualquier manera, puedes basarte en esta información y ponerla en contexto para comprender el aprendizaje y propósito de cualquier otro tipo de relación.

¿CUÁL ES EL APRENDIZAJE QUE SE OFRECEN TÚ Y TU PAREJA?

Para este primer descubrimiento no necesitas hacer cálculos, solo es cuestión de asomarte a sus números personales, o sea, los que ya tienes identificados, que son el número de camino de vida y el del poder del nombre.

Seguramente, cuando identificaste y leíste la descripción de tus números y después los de tu pareja, habrás notado de manera automática las diferencias en su energía y forma de funcionar. La idea entonces, es que de esas diferencias energéticas que ya notaste, puedas identificar los puntos de encuentro y desencuentro que podrían tener.

Te pongo un ejemplo: si tu número de camino de vida es el 6 y el de tu pareja es el 1, verás que podría ser algo complicado ponerse de acuerdo en la dinámica de convivencia presencial en la relación; pues la naturaleza del 6 es emocional y, por lo tanto, busca la compañía, apapacho y tiene tendencia a la sobreprotección; en cambio, el 1, con su energía mental y fría, es autosuficiente, le gusta pasar momentos a solas y ama la libertad para hacer y deshacer a su antojo; así que sí o sí tendrían que tener esa conversación para llegar a acuerdos muy conscientes con tal de que ambos consideren y respeten sus necesidades de cercanía y espacio personal respectivamente.

Esta misma relación podría ser un excelente match —aunque no sé qué tan equilibrado— visto desde otra perspectiva, porque el 6, con tal de pertenecer y sentirse protegido, es capaz de adaptarse fácilmente al camino que dicte el liderazgo natural del 1. En ese caso, solo hay que darles la bendición para que a la larga no termine en codependencia y reproches del tipo: "Yo que tanto sacrifiqué por ti".

Lo más importante sería observar los puntos en que ambos pudieran lograr un crecimiento a través del ejemplo del otro, así como aquellos que los confrontan en su interacción. Así el 6 puede aprender de independencia, autosuficiencia, seguridad y autoestima, y el 1 a equilibrar su individualismo aprendiendo el valor de la familia, de la compañía y la responsabilidad emocional.

Para tener una guía más concreta, aquí te dejo el acercamiento hacia el aprendizaje que podría ofrecerte tu pareja —y tú a ella— según sus números de camino de vida y poder del nombre.

Lo más interesante de observar estos puntos es que verás que las personas con las que te relacionas o te has relacionado en el pasado, te muestran algo que "casualmente" tienes que trabajar y fortalecer en ti.

1. Estar en pareja con una persona 1 te muestra lo importante que es trabajar en tu autoestima y amor propio, forjar tu independencia, atreverte a ser tú y dar el primer paso para abrir caminos más auténticos. El apren-

CAPÍTULO 8. *Compatibilidad aprendizaje en pareja*

dizaje que te deja, tiene que ver con el desapego y la autosuficiencia.

2. Relacionarte con una persona 2, te hace darte cuenta de que el equilibrio, la confianza y la vulnerabilidad que en cualquier relación es indispensable para que funcione, te invita a revisar tu nivel de empatía, de apoyo y te hace ver que toda relación es ni más ni menos que un acompañamiento en la vida, dure lo que dure.

3. La relación con una persona con energía 3 te muestra lo importante que es tener bien claro lo que quieres en la vida, validar tus propios deseos y aspiraciones, expresarlos con asertividad y evitar el dejarte llevar por el "qué dirán". Te muestra cómo la vida puede ser ligera si aprendemos a disfrutarla con optimismo y alegría.

4. Estar en pareja con una persona de energía 4, te señala el enorme valor de la disciplina, el esfuerzo, la persistencia y el compromiso. También te hará reflexionar en lo importante que es ponerte en acción y hacer lo que tengas que hacer para seguir avanzando. Al mismo tiempo, te da la oportunidad de apreciar la estabilidad y certeza de una vida en orden.

5. Relacionarte con una persona con energía 5, seguramente pondrá en evidencia tu capacidad para ser valiente y salir de tu zona de confort. Te enseña a amar en libertad. El aprendizaje que puedes obtener de ella, es que la vida no tiene que ser tan seria, y está bien romper las reglas y convenciones sociales para explorar distintas maneras de relacionarte.

6. El aprendizaje que te deja una relación con una persona con energía 6 es enorme, porque te hace darte cuenta de que mereces recibir amor y protección a manos llenas, pero sin caer en el control que ocasiona el apego. Te ayuda a entender el punto de balance entre la responsabilidad y la libertad en todas tus relaciones para generar la armonía que necesitas en tu vida.

7. Relacionarte con una persona 7, te hace empezar a vivir la vida de una manera más profunda, desde una mirada más consciente, más significativa y con una intención que va mucho más allá de la existencia terrenal y cotidiana. La convivencia con esta energía te invita a reflexionar en lo importante que es cultivar tu fe, pero sobre todo a confiar en ti y en tu propia sabiduría.

8. La relación con una persona 8, te deja en claro el poder de creer en ti, en tu capacidad para lograr lo que te propongas y superarte constantemente. Pero sobre todo, te enseña la importancia de pararte sobre tus propios pies con asertividad y fuerza de carácter para ser determinante cuando tu vida y circunstancias lo requieran.

9. Estar en pareja con una persona con esta energía te muestra el poder, la generosidad y la solidaridad de buscar tu satisfacción en las causas nobles para dejar un mundo mejor. Pero también te hace ver la importancia de validar tus propios ideales, de aprender a poner límites para conservar tu autonomía, enfrentar tus propias batallas y solucionar tus propios asuntos con madurez y valentía si quieres crecer.

CAPÍTULO 8. .... *Compatibilidad aprendizaje en pareja*

11. Relacionarte con una persona con energía maestra 11, es un despertar en muchos sentidos. Lo que vivas con esa persona y sobre todo los temas incómodos, te ayudarán a darte cuenta y aceptar cosas de ti que no habías querido ver hasta ese momento, con el único propósito de que te eleves sobre esas incomodidades y logres ir más allá en el mismo camino o uno completamente distinto.

22. La relación con una persona con energía maestra 22, puede ser una gran lección de idealismo y superación en todos los aspectos. Lo que vivas con esta persona te ayudará a darte cuenta del enorme poder que tiene creer en ti, en tus capacidades y en que tienes lo necesario para reponerte ante cualquier adversidad. Te demuestra lo valioso que es rodearte de las personas correctas, actuar con congruencia, honestidad y dejarte guiar por la bondad de tu espíritu.

Seguramente, al leer todo esto de los aprendizajes habrás estado relacionándolos con tu pareja actual o tus ex, y tal vez pienses que ni de chiste han sido tan elevados para enseñarte todo eso con su ejemplo. ¡Justo ahí está la clave! El punto es que todos estamos en crecimiento personal y espiritual, y obvio, nuestros procesos son paso a paso. No es común toparnos a personas completamente elevadas que vengan a ser nuestros maestros con manual en mano y un halo en la cabeza, y que nos compartan su sabiduría guiándonos suavemente de la mano en nuestro desarrollo.

Las personas con esas energías, no nos ofrecen gran parte de estos aprendizajes de manera evidente —ni nosotros a ellas—, sino que los obtenemos al observar el desequilibrio de su energía; es decir, viendo las batallas que ellas mismas están atravesando y siendo nosotros una especie de receptores —por no decir víctimas— de sus fallos y malas decisiones, mientras aprenden a regular y elevar su energía a la frecuencia constructiva.

Por ejemplo: supongamos que tu pareja vibra con la energía 3, que te viene a enseñar la importancia de tener bien claro lo que quieres en la vida y validar tus deseos. Pero tú lo que percibes es que tu pareja o expareja 3 anda perdida en la vida, no tiene ni idea de lo que quiere y necesita de validación externa constante. Esto afecta su relación, ya que su incapacidad para tomar decisiones hace que tú sufras las consecuencias y entres en frustraciones. Entonces, esto te mueve a tomar las decisiones por los dos, fortalecerte en ese tema y evaluar si tu frustración ante su actitud refleja tu falta de asertividad e incapacidad de elección.

En otro ejemplo, si tu pareja tiene energía 5 podría darte una fuerte lección de transformación y progreso constante a través de su propia pasión por la vida, pero si resulta que es una persona sometida, apagada y que no se atreve a salir de su zona de confort, podrías reconocer la importancia de la valentía que requiere ejercer la libertad, al ser testigo de todo su potencial exterminado por su cobardía. Ahora tal vez quieras regresar a leer nuevamente las descripciones de los aprendizajes para que desde esta perspectiva tenga más sentido para ti.

Otra arista desde donde se puede evaluar el tipo de conexión entre tu pareja y tú, es la que se enfoca en la manera en que fluye su relación dependiendo de la naturaleza mental, emocional o práctica de su energía.

CAPÍTULO 8. .... *Compatibilidad aprendizaje en pareja*

Los números de naturaleza mental 1, 5, 7 y 11, son los más fríos porque pretenden entenderlo todo, incluidas sus emociones; así que tienden a racionalizar todo. Son más independientes y cuidan mucho su espacio personal, porque, aunque claro que son capaces de convivir con la gente sin mayor esfuerzo, realmente no se mezclan ni muestran vulnerabilidad, a menos que se sientan muy, pero muy en confianza y no sientan que comprometen algo importante para ellos.

Los números de naturaleza emocional 3, 6 y 9, son los que alimentan y recargan su energía rodeándose de gente. Son creativos, entregados, compartidos y les es muy fácil compartir su vulnerabilidad, cada uno a su manera. Tienden a ser sociables porque lo que quieren es comunidad, amistades, brillo social y comunicación. Son generosos y aunque digan que no, les importa mucho lo que la gente piensa y opina de ellos; así que les gusta quedar bien y ser percibidos como bondadosos.

El 2, aunque por lo general está clasificado como número práctico y negociador, la realidad es que sus acciones van siempre ligadas a la emoción y a la conexión con otros, así que a la hora de evaluar una compatibilidad, es mejor tenerlo en cuenta como de naturaleza emocional.

Los números de naturaleza práctica y negociadora 4, 8 y 22, son prácticos y directos. Realistas, objetivos, francos y a veces bastante parcos. No suelen andarse con rodeos ni para las relaciones ni para echar a andar sus proyectos. Los mueven los resultados y constantemente preguntan qué es lo que tienen que aportar y qué es lo que van a obtener de cualquier relación. Para ellos, lo mejor es tener todo claro, simple y concreto para que

CUENTA CON EL UNIVERSO

funcione. En cuanto a compartir sus emociones o sus pensamientos, son más bien de pocas palabras.

La conexión que suele fluir de manera natural, es la que se da entre números de la misma tendencia: mentales con mentales, emocionales con emocionales y prácticos con prácticos. Como en cualquier relación, habrá temas a trabajar, y en este caso sería el riesgo de que la energía se les recargue mucho hacia un solo lado y se empiecen a perder partes importantes para reforzar el vínculo. Aun así, el entendimiento, tal como su nombre lo dice, se daría bastante natural. Pero a la hora de combinar números de distinta naturaleza la cosa cambia.

Los números mentales pueden hacer muy buen match con los prácticos cuando unen sus habilidades estratégicamente para un objetivo en común; los mentales les enseñan a los prácticos a generar las ideas y los prácticos a echarlas a andar con visión y voluntad. Pero ambos tendrán que trabajar mucho en su afán de control y de querer tener siempre la razón.

CAPÍTULO 8. .... *Compatibilidad aprendizaje en pareja*

Los mentales y emocionales pueden equilibrarse mutuamente: los mentales aprendiendo a contactar con su vulnerabilidad y los emocionales a regular su sensibilidad con sensatez. Pero tendrían que hacer acuerdos muy precisos en cuanto a sus momentos de convivencia y cercanía; el respeto a sus espacios y momentos a solas.

Los números prácticos pueden hacer muy buen match con los emocionales para que estos últimos enseñen a los primeros a relajarse y a ver la vida con optimismo, entonces los prácticos les enseñarían a los emocionales a comprometerse y a tomar acción para hacer realidad todos sus sueños. Aquí el tema a trabajar estaría enfoca-

CUENTA CON EL UNIVERSO

do, sobre todo, a lograr que su comunicación sea lo suficientemente concreta y directa para llegar a acuerdos claros, pero con el amor y suavidad suficientes para mantener fuerte el lazo emocional.

Si de darte un consejo se trata, para hacer una aproximación segura, entonces:

Para acercarte a una persona con energía mental y generarle confianza, será mejor que empieces por hablarle de ideas, pensamientos, proyectos, etcétera, y no se te ocurra ir directamente a buscar intimidad emocional, porque entonces provocarás lo contrario, ya que lo más probable es que se cierre.

Si quieres acercarte a alguien con energía emocional, la clave es abrir tu corazón, mostrarle tu lado vulnerable y auténtico, abrirte a recibir su ayuda, compañía y dejarte apapachar.

Si quieres acercarte y establecer contacto con alguien con energía práctica predominante, lo mejor es ir al grano, ser congruente, evitar el drama y no dar demasiadas vueltas a las cosas. Mejor directo y al punto, pero siempre con respeto y paciencia.

Pero bueno, está claro que el acercamiento no es todo y en cuanto a compatibilidades, una cosa es entender, aceptar y aprender de tu pareja como individuo, y otra cosa es el *temita* que no solemos tener en cuenta —porque no es nada lógico—, pero que afecta un montón. Me refiero al de la combinación de ambas energías.

1 + 1 = 3

Empecé a salir con José Luis en aquellos tiempos en que por mi cabeza aún no pasaba ni cerquita el concepto de desarrollo per-

CAPÍTULO 8. .... *Compatibilidad aprendizaje en pareja*

sonal; o sea, me *alocaba* bastante con todos mis miedos y traumas acumulados. Él no era muy cariñoso y menos en público, cuando salíamos yo sentía que me trataba como un amigo más. Para mis pulgas y mi bajísima autoestima eso era fatal, porque yo anhelaba que él gritara y presumiera a los cuatro vientos nuestro amor, y jamás pasó. Esa relación fue muy rara y no duró mucho. Pasó el tiempo, empecé a salir con alguien más y cuando supe que tenía nueva novia me dio curiosidad y me fui directo a su Facebook pensando en que, seguramente, no iba a encontrar gran cosa porque, según yo, a él no le gustaba subir fotos, compartir su vida privada, ni mucho menos exponer sus relaciones. ¡Oh sorpresa! Había fotos de él y su novia por todos lados, incluida la típica sesión profesional en escenarios románticos, con pose cursi y todo.

Por unos segundos intentaron regresar mis traumas y supongo mis *daddy issues* diciendo: "No eres suficiente", "no mereces que te quieran", "le dabas vergüenza", etcétera. Afortunadamente, mi voz de numeróloga se fue directo a hacer lo suyo y, una vez más, entendió todo.

La lógica y las matemáticas tradicionales nos dicen que 1 + 1 = 2. O sea, cuando una persona se une a otra, solo se trata de dos energías que conviven, comparten y punto. Con la numerología descubrimos algo distinto, y es que 1 + 1 en realidad es igual a 3, pues cuando las energías de dos personas se unen y combinan, surge una tercera energía que no es ni de uno ni de otro, sino de la conexión, y esa tercera energía, independientemente de los números de cada uno, es la que rige y determina la personalidad de la relación.

Así que, por más que cada persona tenga su propia energía y personalidad muy definidas por sus números, y con otras parejas se hayan comportado de cierta manera, la tercera energía —la de la combinación— podría hacer variar radicalmente la manera de llevar esa relación.

Esa tercera energía se refleja en un mapa numerológico completo —como si fuera el de una persona—, pero también tiene números clave con los que se puede saber lo más relevante. Estos son los que surgen de la combinación de nombres; o sea, el número del Poder de la pareja y el que surge de la combinación de las fechas de nacimiento, que es el número del Camino de pareja. Lo que descifran estos números es lo siguiente:

1. Las claves de cómo dirigir la relación para que se cumpla el propósito de su unión y logren el éxito en pareja.
2. Los retos principales que están invitados a superar juntos.
3. Si acaso entre ustedes existe un lazo kármico o que viene de vidas pasadas y cómo sanar este lazo.

EL PODER DE LA PAREJA

Lo calculas sumando el poder del nombre de cada uno. Si tu número del poder del nombre es 3 y el de tu pareja es 8, entonces su número del poder de la pareja es 11, porque recuerda que los números maestros no se reducen.

Si tienes poder del nombre 6 y tu pareja 9, entonces sumas

$$6 + 9 = 15$$

CAPÍTULO 8. .... *Compatibilidad aprendizaje en pareja*

Y reduces sumando

$$1 + 5 = 6$$

Así que su número de poder de pareja es 6. Creo que está muy fácil, ¿verdad?

EL CAMINO DE PAREJA

Para identificar su número de camino de pareja, lo que vas a hacer es sumar tu fecha de nacimiento completa; es decir, día + mes + año, para obtener un número de 4 dígitos, sin reducir. Enseguida vas a hacer lo mismo con la fecha de nacimiento de tu pareja, para obtener otro número de 4 dígitos igual sin reducir. Cuando tengas ambos números, los sumas y, ya que tengas el resultado, entonces reduces a un dígito.

Este es el ejemplo:

Sumas tu fecha:

$$21 + 6 + 1988 = 2015$$

Sumas la fecha de tu pareja:

$$4 + 10 + 1980 = 1994$$

CUENTA CON EL UNIVERSO

Sumas ambos resultados:

$$2015 + 1994 = 4009$$

Reduces a un solo dígito:

$$4 + 0 + 0 + 9 = 13 \text{ y}$$
$$1 + 3 = 4$$

Su número de Camino de Pareja es 4.

Escanea este código QR
para ver un tutorial de este cálculo.

Volviendo a mi historia con José Luis, entender esta suma me ayudó a ver que, aunque la energía de él siguiera siendo la misma, al combinarse con la mía generaba una dinámica totalmente distinta a la que se generó desde un principio con su nueva novia. ¡Asunto entendido y a pasar página!

Ahora, ¿cómo interpretas los números que obtuviste? Siguiendo la misma línea de interpretación de tu energía personal, consideramos ambos números —el poder de pareja y el camino de pareja— y tenemos en cuenta ambas descripciones, ya que la respuesta para ustedes no estará en uno u otro, sino en ambos, inclinándose hacia uno u otro dependiendo del contexto. Si estos

CAPÍTULO 8. .... *Compatibilidad aprendizaje en pareja*

números son distintos —que es lo más probable— checa cómo se complementan, se matizan, se refuerzan o se equilibran entre ellos; si estos coinciden, entonces la energía se enfatiza; pero, aun así, tendrá matices de otros números porque recuerda que hay todo un mapa numerológico detrás.

Entonces, la información a continuación aplica tanto para el número de camino de pareja como para el poder de la pareja, así que te la comparto en general como el número de pareja.

Pareja 1

La clave para que su relación funcione y sea exitosa, es que se atrevan a dejar atrás sus tradiciones individuales para poner sus propias reglas. Tienen que ser espontáneos y sentirse optimistas de que lo que ustedes decidan, y le parezca o no a los demás, sobre todo a sus familias de origen, tarde o temprano, tendrá que ser aceptado. Ustedes no pueden conformarse con una relación común y corriente, tienen que enfocarse en ver hacia adelante y la vida que quieren construir, aun si nadie de su familia, comunidad o sociedad se ha atrevido a hacerlo. La personalidad de su relación es la de una pareja progresista, líder, pero en la que todo marcha de manera acelerada y a veces impulsiva.

Intentar ser de esas parejas que se la pasan juntos 24/7 podría ser contraproducente para ustedes, ya que su relación les invita a explorar la energía de independencia y autonomía de cada uno. Procuren darse espacio para desarrollarse como individuos y obtener de ahí algo que aportar al otro y admirarse mutuamente.

El reto para ustedes será la tendencia a los celos, las confrontaciones constantes, la intolerancia y pretender controlar el uno al otro. Es común que con esta energía en una relación, sea uno el que insista en tomar las decisiones que les corresponden a los dos; así que tienen que esforzarse en turnarse el liderazgo para evitar que uno se convierta en el dominante y el otro en el dominado, pues es ahí en donde empiezan las codependencias. También procuren trabajar la conexión emocional más allá de la intelectual, para evitar que con el tiempo se enfríe demasiado su relación.

Pareja 2

La clave para que su relación funcione es encontrar el punto de equilibrio para ser una pareja "pareja". O sea, por un lado, generar un vínculo profundo y genuino con compañía, apoyo y verdadera unión, y por otro, generar la suficiente confianza entre ustedes para soltarse y mantenerse al margen para que el otro tome sus propios riesgos. Tienen que aprender a compenetrarse y compartir sus altas y bajas sin envidias, egoísmo y suspicacias; aprendiendo a disfrutar su presencia y sus ausencias, sus conversaciones y sus silencios. Su comunicación debe tener suavidad y tacto, pero sin que deje de ser asertiva. Esta energía los puede mantener en una dualidad constante, así que tendrán que aprender a adaptarse a ella.

Hacer juntos actividades específicas como: cocinar, salir a caminar, la *cenita* romántica de la semana o simplemente sentarse a leer uno al lado del otro, les ayudará muchísimo a establecer ese lazo irrompible que muchos desean.

CAPÍTULO 8. .... *Compatibilidad aprendizaje en pareja*

El reto que tienen es aprender a resolver sus problemas con objetividad y sin que uno de ustedes o los dos, entren en modo drama y victimización por sus heridas del pasado. Tienen que dejar de tomarse las cosas tan a pecho y ser capaces de poner las cartas sobre la mesa, dejar las cosas lo más claro posible, sea lo que sea. Esto ayudará a que la confianza refuerce su lazo y no el tratar de proteger susceptibilidades. Si no lo hacen podrían desatar una dinámica de "mentiras piadosas" y engaños "inofensivos" que terminaría siendo como una bola de nieve que se hace cada vez más y más grande hasta aplastarlos.

Pareja 3

La clave del éxito de esta relación, está en la comunicación espontánea y a tiempo, para expresar sus propias necesidades, sobre todo al principio, ya que suelen ser de esas parejas que empiezan queriéndose dar gusto en todo con tal de estar contentos en todo momento, y tienden a ocultar o pasar por alto inconformidades y situaciones incómodas que se van acumulando. Su relación les da mucho brillo social, se les podría ver como una pareja que está siempre alegre y en la que todo es bonito, como de Instagram, así que les servirá mucho recordar que su relación se la deben a ustedes dos y no al resto del mundo, sus familias o la sociedad. Eviten dejarse regir por la imagen de la pareja perfecta y atrévanse a tener esas conversaciones incómodas para decidir cómo es que ustedes desean que su relación funcione.

Procuren salir a pasear, ir a fiestas y reuniones sociales, juntarse con otras parejas a platicar y hacer planes que les permitan estar juntos a la par de que conviven con otras personas y se distraen un poco de la cotidianidad; de lo contrario, podrían sentirse aburridos y empezar a desenamorarse, tal vez no del otro, sino de la relación.

El reto para ustedes es evitar la superficialidad a toda costa y estar dispuestos a llevar su unión al siguiente nivel, con el matrimonio, hijos, vivir juntos o tener una responsabilidad que los enfoque y los motive a arreglar sus diferencias constantemente. Puede que se les haga muy difícil entablar las pláticas profundas acerca de sus heridas y emociones, más allá de sus planes y pensamientos. Esto a la larga puede ser fatal porque se iría acumulando la ira y el resentimiento entre ustedes y hacer explotar la relación cuando menos se lo esperan. ¡Atrévanse a ser auténticos!

Pareja 4

La clave para que su relación funcione y sea exitosa es llevarla con compromiso y formalidad. Ustedes tienen que poner las cosas muy claras desde un principio, para que su relación se sienta honesta, congruente y que apela siempre a la estabilidad. Tienen que hacer acuerdos claros acerca de lo que cada uno espera y puede ofrecer a corto y a largo plazo y, aunque como en toda relación, las cosas vayan cambiando y evolucionando, cada uno debe trabajar en resolver sus propios temas con voluntad para que esto no les afecte en la convivencia; así podrán mantenerse enfocados hacia el objetivo que tienen en común.

Su relación se construye con base en rutinas y costumbres, de preferencia que las establezcan ustedes y no sus familias, o peor aún, la tradición de los tatarabuelos que ya ni están en este pla-

CAPÍTULO 8. .... *Compatibilidad aprendizaje en pareja*

no. Pero les conviene tener ciertas prácticas que les den seguridad acerca de cómo funcionan sus dinámicas y coordinarse alrededor de ellas. Tal vez su relación no sea la más divertida y aventurera, pero sí pueden hacerla muy fuerte y capaz de resistir cualquier desbalance.

El reto para ustedes es que, aunque lo que les funcione se incline más hacia lo establecido y la certeza, también se permitan ser flexibles y plantearse cambios y reestructuras cada determinado tiempo para irse adaptando a nuevas realidades y no quedarse estancados. El tema con su relación hogareña y tranquila es que de repente se puede volver muy aburrida y pesada para ambos. Esa flexibilidad también aplica para la manera en que se tratan. Eviten a toda costa las actitudes posesivas, controladoras, severas y restrictivas. ¡La diversión también puede ser parte de su estabilidad!

Pareja 5

Sucede mucho que, la atracción en esta pareja se da muy rápido y de una manera muy apasionada, así que a veces es la típica relación fugaz y arrebatada que nunca olvidas. Pero si superan esa prueba de la fugacidad, su relación puede enseñarles muchísimo. La clave para que su relación funcione, está en la disposición que tengan los dos para romper las reglas, tradiciones y mandatos sociales acerca de cómo deben ser o comportarse los acuerdos en pareja. Un poco como la relación con energía 1, pero más rebelde todavía. Su relación tiene que ser bastante disruptiva y cuestionar y confrontar todas esas tradiciones que, más que ayudar a disfrutar la vida en pareja, la limitan y la restringen. Tienen que permitirse explorar distintos caminos con curiosidad y libertad, atreverse a romper reglas, cambiar roles y, encontrar en el cambio y movimiento continuos su propia estabilidad.

Tal vez sean ustedes los que provoquen esas continuas transformaciones; es decir, que sea la vida la que los empuje a ellas y los haga adaptarse una y otra vez a distintos ambientes o circunstancias a los que deben estar dispuestos a disfrutarlos. Entre ustedes no puede faltar la pasión y la diversión, el intercambio de ideas, conocimientos, el humor, los viajes y las sorpresas. Lo ideal es generar conscientemente todo esto para que juegue a su favor y no en su contra.

El gran reto para ustedes, es ser valientes y no quedarse en el lado de la cobardía anhelando hacer las cosas diferentes, pero sometiéndose a factores externos como la familia, la religión, la sociedad, etcétera. Por otro lado, también podrían caer en el extremo de la energía que genera tanta presión en la relación que, si no es bien canalizada, se vuelve explosiva, desata estallidos emocionales y violencia verbal, psicológica y hasta física. Recuerden también que por más libres que quieran sentirse para llevar su unión como a ustedes les plazca, siempre es bueno tener claro el compromiso entre ustedes.

Pareja 6

Tener este número como camino o poder de la relación es un indicador de que ustedes ya fueron familia en vidas pasadas.

Reencarnamos en grupos y muchas veces nacemos dentro de ese mismo grupo o como en este caso, a lo largo de nuestra vida

CAPÍTULO 8. .... *Compatibilidad aprendizaje en pareja*

nos vamos topando con esas almas con las que hicimos acuerdos en nuestras vidas anteriores, para acompañarnos, aprender una lección pendiente o lograr un apego sano y en equilibrio que no se dio en nuestro encuentro pasado. El caso de la pareja 6 indica esto último.

Tú y tu pareja, en una vida pasada fueron incapaces de lograr equilibrio y balance en el apego de su relación, tal vez en el rol de papá e hijo, abuela y nieto, hermanos o cualquier relación familiar cercana. Así que en esta vida, su reencuentro les da la oportunidad para lograrlo.

Lo más probable es que cuando se conocieron, ambos hayan sentido mucha familiaridad, y de pronto, su relación se sintió cómoda. Sí, como cuando a pesar de estar de viaje por mucho tiempo, regresas a casa con tu familia. Así que la clave para que esta relación funcione, es tratar de ser conscientes de esa familiaridad sin que se sientan apegados en la hiperresponsabilidad por cuidarse mutuamente o peor, que sientan que tienen derecho a tomar decisiones por el otro. Tienen que entender y propiciar el respeto para que cada uno sea capaz de cuidar de sí mismo y de sus emociones, y confiar en que lo harán de la mejor manera porque sucede que por la naturaleza de esta energía, las emociones y sensibilidades se pueden salir de balance y crear estados de drama y chantaje.

El camino ideal es acompañarse con amor, confianza, lealtad, comunicación, receptividad, diversión genuina, contacto con la naturaleza; estar al pendiente el uno del otro para apoyarse, protegerse, consentirse y aconsejarse cuando lo necesiten; pero sin querer acapararse y controlarse.

El gran reto para ustedes es que la memoria de su conexión de otras vidas se haga presente en esta encarnación y terminen asumiendo roles que no son de iguales, sino de mamá, papá, abuelo, abuela, hermano o hermana mayor, etcétera. También recuerda que no te toca ser terapeuta de tu pareja, ni a tu pareja le toca sacarte de tus traumas emocionales. Obvio, todos sus *issues* van a salir en algún momento de la relación, y por supuesto que está bien acompañarse en el proceso de sanación, pero escucharse y apoyarse es distinto a sobreprotegerse, rescatarse e invadir en dichos procesos. Eviten que su amor protector se torne asfixiante.

Más adelante te cuento cuál suele ser el desenlace de estas relaciones que algunos les llaman kármicas.

Pareja 7

Esta es otra de las energías que cuando da como resultado de la combinación de los números en una pareja, indica que ya se conocen de vidas pasadas, pero es un poco distinta.

Que ambos tengan esta energía como camino o poder de pareja significa que, en efecto, se conocen de vidas anteriores y se han reencontrado en esta encarnación, pero ahora con el fin de acompañarse.

El tema con ustedes es muy particular porque, aunque desde afuera no se les ve como una pareja emocional que va demostrando su amor a cada rincón, sino al contrario, se ve bastante discreta y distante en algún momento dado, su conexión es muy fuerte. Es de esas relaciones que se vuelven comprometidas y profundas casi inmediatamente. Ustedes se están reencontrando para re-

CAPÍTULO 8. .... *Compatibilidad aprendizaje en pareja*

correr juntos un camino de consciencia, revelaciones, sabiduría y crecimiento personal y espiritual.

Su relación tendrá éxito en la medida en que se abran a observar lo que la vida del otro les refleja de la suya, reflexionar acerca de las creencias y conceptos con los que cada uno ha crecido y se atrevan a encontrar sus propias verdades; las que les funcionen a ustedes como pareja y les ayuden a dar sentido a la vida que quieren construir. Aquí las mentiras no pueden tener cabida, aunque sean piadosas. Tienen que aprender a ser transparentes y francos acerca de lo que sucede en su interior y lo que les provoca la actitud del otro. Ustedes se conectan mucho con el pensamiento y la intuición, y no les va a funcionar relacionarse de manera superficial, así que cualquier engaño o intento de ocultar algo, por más que se tenga el argumento de proteger al otro, puede afectarles muchísimo.

El reto para ustedes es que eviten analizar, pensar y reflexionar en exceso los problemas de la relación que se deben sanar sintiendo y haciendo contacto con sus emociones. También eviten idealizar el potencial del otro, esperando que sea perfecto o perfecta y limitándole en su derecho a ser humano y a cometer errores. Tienen que aprender a perdonarse y dar vuelta a la página, a los problemas que ya se pusieron sobre la mesa y se asumieron en su momento. Dejen de vivir en el pasado y sigan adelante. También puede significarles un reto sentirse responsables de temas que le corresponde solucionar al otro o de tener que guiar y hacerle consciente de cosas que no está listo para comprender. Si se acompañan y se respetan sus tiempos y procesos, el crecimiento de ambos será enorme.

Pareja 8

Tiene el potencial para ser una de las uniones más exitosas e inquebrantables que puede existir. La clave para que así sea, está en que los dos puedan identificar las fortalezas que tienen cada uno por separado y cómo hacerlos complementarse y fortalecerse con ellas más allá de sus diferencias. Les conviene tener en cuenta que, aunque de repente uno se debilite y el otro tenga que dar un paso adelante, ninguno está, ni debe estar, por encima del otro. Si ambos se enfocan en la gran meta que tienen en común y recuerdan que están del mismo lado, la fuerza de ambos va a favorecerlos en lugar de afectarlos cuando se contraponen.

Es indispensable que se validen y se edifiquen constantemente, que se defiendan entre ustedes y armen su fuerte que los proteja de lo que el resto del mundo opine y quiera señalar, incluida su familia de origen. Ábranse ante las propuestas e ideas del otro, túrnense el mando y asuman ambos la dirección y sentido de su relación. Emprender en pareja es una excelente opción para ustedes, siempre y cuando estén dispuestos a darse autonomía en las actividades que cada uno elija desempeñar.

Por la naturaleza de superación y fuerza de esta energía, el primer gran desafío para ustedes podría empezar con hacer realidad su relación. Puede que haya factores externos o situaciones que tengan que superar para estar juntos como: vivir en diferentes ciudades o países, alguna inconformidad de terceras personas, que uno de ustedes o ambos, estén comprometidos en otra relación o simplemente sus tiempos y circunstancias parecen no coordinarse.

CAPÍTULO 8. *Compatibilidad aprendizaje en pareja*

Así que, tal vez, tengan que ser perseverantes y actuar con mucha voluntad para consolidarse como pareja.

Al estar ya en pareja, su reto es que logren ponerse de acuerdo, que aprendan a ceder, a aceptar sus diferencias y encontrarles el lado positivo y constructivo en su crecimiento. Las peleas podrían ser muy fuertes y repetitivas si se dejan llevar por las luchas de poder; el ambiente podría volverse muy tenso si permiten que les afecten opiniones o voluntades de terceros. Recuerden que ustedes son los que dirigen su relación y el objetivo es estar bien juntos, unan fuerzas en lugar de contraponerlas.

Pareja 9

Esta pareja es otra de las que tienen lazos de vidas anteriores y ha venido a reencontrarse en esta vida. Un tanto como la pareja 6, el propósito de su encuentro es aprender un balance que no lograron en la encarnación anterior; pero, sobre todo, saldar una deuda o compensar una situación de sacrificio y sufrimiento en uno, otro o ambos que dejó un ciclo abierto. Ahora tienen la oportunidad de cerrar este ciclo.

Seguramente crees que una relación con este bagaje no puede ser la más fácil y tranquila. Es verdad que solo en algunos casos se da muy fácil y en otros es un verdadero caos, pero te aseguro que en cualquiera de ellos, siempre resulta ser una relación sumamente enriquecedora y con la que tienes una oportunidad tremenda de crecer como persona, desarrollar muchísima inteligencia emocional, reforzar tu autoestima y tu fuerza espiritual.

El contexto es prácticamente el mismo que te conté en la pareja 6. Ustedes ya fueron familia, pareja en vidas pasadas o bien, tuvieron una relación muy cercana, y ahora, su atracción es muy fuerte y a veces inmediata.

Su relación puede engancharlos muchísimo. Por un lado, podría darse con mucho idealismo, ilusión, entusiasmo y muchos sueños que de pronto los atrapan y los retiene con el deseo más puro de hacerlos realidad. Por otro lado, podría darse de una manera un poco retadora, como con cierta fricción y polaridad que les eleva la curiosidad para descifrarse mutuamente. Cuando deciden estar juntos podrían continuar con esa apertura a realizar sus sueños e ideales unidos y la curiosidad para observarse y aprender de sus diferencias. Pero también sucede que, de pronto, la intensidad los rebasa y entonces se desata una dinámica llena de altibajos, demandas, deseos encontrados, sensibilidades exaltadas y una imparable montaña rusa emocional.

La clave para que funcione su relación es, ante todo, reconocer que su unión tiene un propósito tan profundo que no lo pueden tomar a la ligera si tienen la intención genuina de permanecer juntos. Hacer labores altruistas, humanitarias y actividades en las que demuestren unidos su compasión y empatía por los demás, los unirá cada vez más. Eviten que su relación esté limitada por los miedos y lo convencional. Viajen, exploren otras culturas, amplíen su visión de la vida y no se dejen abrumar ni encandilar por la atención de los demás hacia ustedes, porque su energía los pone bajo el reflector y los expone a la mirada de todos.

Para resolver el tema de la intensidad en su relación, primero necesitan reconocerse como individuos completos, con una misión personal que recorrer más allá de las demandas de atención que se requieran mutuamente. Saber que ambos necesitan y tie-

CAPÍTULO 8. .... *Compatibilidad aprendizaje en pareja*

nen derecho a su propio espacio para moverse con autonomía y lograr la grandeza. Que ninguno tiene la responsabilidad de rescatar al otro, ni la misión de hacerlo feliz a costa de su propia felicidad. Lo ideal es aprender a aceptarse, admirarse por lo que son y no alimentar falsas expectativas del otro.

Su mayor reto está en construir un apego sano y para esto, les guste o no, tendrán que deshacerse de sus propias creencias, hábitos y actitudes que es evidente que contaminan su relación. Si no se relacionan con autonomía, su vínculo podría volverse codependiente, pues muchas veces esta pareja termina porque ambos ya están demasiado cansados de tanta intensidad, y enseguida vuelven porque sienten como si les faltara el aire y su vida ya no tuviera sentido. Y esto se repite una y otra vez. Una vez más, ese lazo de vidas pasadas con una deuda pendiente se está haciendo presente. Lo mejor es que cada uno reconozca que tiene traumas y temas que resolver, que no pueden ser perfectos y que si empiezan por "perdonarse" esa sensación de deuda inexplicable que tienen entre ustedes, la compensación y liberación del lazo kármico se va a dar de manera natural.

¿CUÁL ES EL DESENLACE DE LAS PAREJAS KÁRMICAS?

Aunque estas parejas empiezan por atraerse con mucha familiaridad y estabilidad aparente, y en algunos casos se crea un compromiso por matrimonio, por presión social o porque se embarazan inmediatamente; es casi enseguida que pueden empezar los altibajos que les empujan a trabajar en ese karma que les unió. Algunas lo entienden enseguida a nivel subconsciente y se disponen a trabajarlo de manera constructiva, en cambio, otras se dejan llevar por el karma y dejan surgir problemas de excesivo control, apego y desequilibrio. La incomodidad que genera ese caos, eventualmente los sacude y los lleva a buscar soluciones y respuestas, a contactar con su espíritu y a trabajar tanto en sí mismos que, de pronto, se dirigen al equilibrio.

Cuando una pareja kármica ha vivido su proceso y ha alcanzado un punto de equilibrio, es el momento en el que ambos pueden decidir de manera consciente y amorosa si deciden continuar caminando juntos —ahora desde la energía del acompañamiento— o si liberan la relación con amor y genuina gratitud.

Si las personas en esta relación se evaden o eligen alejarse sin haber sanado ese karma, es muy probable que se reencuentren más adelante en la vida o que les toque integrar estos aprendizajes a través de otra persona que se los viene a reflejar.

Pareja 11

Esta conexión parece mágica. Su energía podría considerarse un lazo de vidas pasadas, pero en este caso va más allá de un karma que saldar o un acuerdo de acompañamiento. Que tú y tu pareja vibren juntos esta energía, habla de un lazo maestro que los ha unido para mostrarse lo que solos no han sido capaces de ver en su interior, en sus vidas y en el resto de sus relaciones. Las personas a su alrededor podrán darse cuenta de su evolución como personas en el poco o mucho tiempo que dure su relación.

CAPÍTULO 8. *Compatibilidad aprendizaje en pareja*

La clave para que su relación funcione, es que aprendan a reflejarse e inspirarse a través del otro, observar, escuchar y detenerse a reflexionar acerca de los temas que esa persona está poniendo en la mesa, y trasladarlos a su propio crecimiento. Les conviene motivarse y acompañarse a aprender cosas nuevas; impulsar mutuamente el desarrollo personal y profesional; prepararse constantemente e intercambiar creencias, puntos de vista y filosofías que puedan poner en práctica en su vida de pareja. Se tienen que comprometer en cuerpo y alma a vencer cada uno sus limitaciones mentales heredadas y sus miedos terrenales, para que puedan crear juntos esa filosofía a la que van a confiar su relación.

Como su conexión puede ser muy elevada y trascendental, corren el riesgo de dejar de alimentar la terrenal. De repente puede parecerles como que se comunican de manera intuitiva o telepática, y se podrían acomodar tanto a esta dinámica que temas como la comunicación asertiva y las rutinas, pueden ser todo un desafío para ustedes. Su gran reto es llevar una relación cotidiana y hacerla lo más común y aterrizada posible para que puedan cerciorarse cada determinado tiempo de que ambos siguen sintonizados en el mismo canal y siguen evolucionando hacia la misma dirección.

Si no se comunican con palabras y de manera directa, es muy fácil que caigan en malentendidos, omisiones o de pronto se idealicen entre ustedes o sus comportamientos y después se sientan traicionados porque sucedió algo inesperado. Otro reto para ustedes es evitar aislarse del mundo exterior con tal de proteger su relación o porque simplemente sienten que la conexión entre ustedes es lo único que necesitan.

CUENTA CON EL UNIVERSO

Sea como sea, que estén juntos significa que tienen una enorme oportunidad de evolucionar espiritualmente y servir de ejemplo para otras parejas, a través de su gran éxito o su rotundo fracaso como compañeros de vida.

Pareja 22

Esta energía es también evidencia de una conexión maestra entre seres que se encuentran para ayudarse a crecer, a superar sus limitaciones y acompañarse en el camino hacia su evolución, pero al mismo tiempo, para ser ejemplo de construcción, fuerza de voluntad y tenacidad hacia el mundo. La clave para que su relación funcione y les dé todo lo que tiene que ofrecerles, es que se unan fuertemente desde sus sueños y deseos de superación, y no desde sus limitaciones, traumas y miedos.

Tienen que estar dispuestos a dar lo mejor de sí, comprometerse no solo entre ustedes, sino con un proyecto ambicioso que los haga estirarse un poquito y ampliar su zona de confort. Enfocar su poder y convicciones en algo mayor que ustedes y creer en la capacidad de evolución del otro les ayudará a fortalecer su autoestima y autoconfianza para crear lo que solos no serían capaces.

El gran reto para ustedes es evitar perderse en el camino, perder escrúpulos y confundir sus prioridades. Pensar que lo que hayan llegado a construir en un momento dado —así sea un proyecto ambicioso, material, profesional o una consciencia espiritual y emocional superior—, es producto del esfuerzo individual y lo podrían haber hecho solos. Sean cuales sean los roles que hayan acordado, lo que logren edificar siempre será producto y consecuencia de su

CAPÍTULO 8. *Compatibilidad aprendizaje en pareja*

unión, y no de uno en particular. Eviten dejarse llevar por el ego, la terquedad y la necesidad de tener todo bajo control, porque podría ser que uno de ustedes o ambos se comportaran obsesivos, celosos e impositivos. Esto podría desatar una dinámica de opresión y lucha de poder. Recuerden que su fuerza reside en su unión y compenetración en todos los aspectos, entonces serán indestructibles.

Pareja 33

Este número sí se encuentra frecuentemente en la compatibilidad de parejas, y aunque no necesariamente se vibra en esa frecuencia maestra, podría explicar mucho de lo que sucede entre tú y tu pareja si su unión tiene esta energía. Sobre todo porque esta también es una gran evidencia de que su conexión es de vidas pasadas y se han reencontrado en esta vida con doble propósito: sanar el karma entre ustedes y partir de ahí para mostrarse un nuevo camino lleno de crecimiento y evolución.

En realidad, esta energía maestra lo que les pide es que se unan ambos a desarrollar algún proyecto altruista y solidario que vaya más allá de sus propias necesidades y sueños personales, y se comprometan a entregar su vida a una causa humanitaria. Pero como esto podría ser un desafío impensable para muchos, la recomendación es que aprendan a elevar juntos la energía del 6 —que es la base del 33— y cultiven en su comunidad y su propia familia los valores de la paciencia, el equilibrio emocional, la responsabilidad, los límites, el apego sano y el amor en libertad; pero además, todo lo que tiene que ver con la comunicación, la compasión, la entrega y la capacidad de perdón.

CUENTA CON EL UNIVERSO

La clave para que su relación no se estanque en los desequilibrios del karma que tienen que saldar, está en que ambos estén dispuestos a hacerse responsables de sus emociones, a sanar sus heridas de la infancia, a que se permitan expresar siempre desde el amor sus anhelos y emociones, y escuchar los de su pareja con apertura y empatía.

El gran reto para ustedes en esta relación 33, es aprender a regular la carga emocional y de sacrificio que puede contener esta energía maestra, y tengan la voluntad y la consciencia de aterrizarla hacia el 6, para que, si es su deseo y evolucionan como pareja, logren que su familia y comunidad crezca en todos los sentidos y canalicen en ella y a través de sus integrantes, todas las enseñanzas que están invitados a ofrecer estando juntos.

Capítulo 9

¿Felices para siempre?

LA EVOLUCIÓN EN PAREJA

Al principio del capítulo anterior te dije que la numerología de parejas, más allá de servir para ver si una pareja es compatible o no, te ayuda a saber todo lo que ya te conté de los aprendizajes de uno, de otro y juntos, y la clave para que funcionen mejor.

Me encantaría garantizarte que, una vez que encuentres esos puntos de equilibrio y le encuentres el modo a tu relación, todo se

CUENTA CON EL UNIVERSO

volverá bonito y estable en el punto máximo de felicidad y unión; pero lamento decirte que no es así.

Mala noticia porque tal vez pensarás "qué hueva seguir en el estire y afloje eternamente"; pero buena noticia porque, espiritualmente, el camino que recorres con tu pareja, a pesar de las subidas y bajadas, es un tremendo catalizador de tu propia evolución. Todos esos temas que como individuo evitarías y pasarías por alto, con tu pareja no te va a quedar de otra más que afrontarlos y superarlos. Claro, siempre y cuando tengas la disposición de hacerlo, porque recuerda que ni la numerología, ni ninguna otra herramienta o práctica, por más *brujil* y mágica que parezca, nunca estará por encima de tu libre albedrío.

Entonces, así como cada uno de nosotros tenemos un ciclo de evolución y tenemos bien marcadas las fases para iniciar, solidificar, transformarnos, etcétera, hasta cerrar ciclos y volver a comenzar, nuestras relaciones también tienen su ciclo y evolucionan con él. Gracias a este ciclo y si aprendemos a detectar sus fases podemos tener una buena "predicción" de lo que podemos enfrentar como pareja, entender su propósito y una de dos: dirigir nuestras acciones para crecer y fortalecer nuestras relaciones con la energía disponible o dejar que sucedan las cosas mientras vamos aprendiendo de ellas sin mayor resistencia y sufrimiento innecesario. Hay una tercera opción que sería observar y dejarnos llevar por lo que sucede, y pensar que todo es suerte cuando va bien o culpa del otro cuando va mal. Te repito: libre albedrío.

Independientemente de lo que de ahora en adelante decidas hacer con esta información, vamos a empezar por descifrarla. Lo que vamos a identificar ahora es tu ciclo de pareja para saber cómo vibra cada año para ustedes y el tipo de situaciones favorables y desfavora-

CAPÍTULO 9. .... *¿Felices para siempre?*

bles que propicia. Ten en cuenta que el año de pareja es el que mueve la relación hacia su evolución, independientemente del año personal de cada uno de ustedes. Sus años personales, entonces, influirían en la actitud con la que cada uno abordaría esa lección u oportunidad de pareja y, por lo tanto, la tendencia de la solución o desenlace.

Por ejemplo,

Año de pareja
Para calcularlo sigue estos pasos:

Paso 1: suma tu día de nacimiento + el día de nacimiento de tu pareja.
Paso 2: suma tu mes de nacimiento + el mes de nacimiento de tu pareja.
Paso 3: suma los resultados y agrégale el año en curso (o el que quieras revisar)
Paso 4: Reduce el total a un solo dígito o al número maestro si aplica.

Aquí el ejemplo para calcular el año de pareja que vivieron María y Juan Carlos durante el 2024:

Paso 1: suma de sus días de nacimiento.

María: 21
Juan Carlos: 5
21 + 5 = 26

CUENTA CON EL UNIVERSO

Paso 2: suma de sus meses de nacimiento.

María: enero

Juan Carlos: octubre

1 + 10 = 11

Paso 3: suma de resultados + año a identificar (2024)

26 + 11 + 2024 = 2061

Paso 4: reducción del resultado.

2 + 0 + 6 + 1 = 9

En el 2024, María y Juan Carlos estuvieron en su año de pareja 9.

Escanea este código QR

para ver un tutorial de este cálculo.

Vamos a tomar en cuenta que el 2024 fue un año personal 3 para María y un año personal 5 para Juan Carlos, así que aunque María

CAPÍTULO 9. .... *¿Felices para siempre?*

haya estado en los primeros años de una etapa y Juan Carlos justo a la mitad de ella, su relación, independientemente del tiempo que lleven juntos, estuvo bajo una energía 9 que implica cierres y conclusiones. Mucha gente entra en pánico —si no es que se alegra— al saber esto, porque piensa que eso significa la ruptura inminente en la pareja, pero no necesariamente es así, pues el mensaje de un año 9 en una pareja puede ser muy constructivo y va mucho más allá que una simple ruptura. Pero no me quiero adelantar, así que mejor empecemos por el principio.

¿Ya calculaste tu número de pareja? No importa si tienes o no pareja en este momento, puedes hacerlo con el ex de tu preferencia, la idea es que tengas una referencia para que la información que estoy a punto de darte tenga mayor sentido para ti, y como ya tienes noción de la vibración de los años personales y solo se trata de contextualizarlo a la pareja, esta vez lo haré más breve. Empecemos.

Año de pareja 1

Sea que apenas estén saliendo, tengan pocos meses juntos o una relación de muchos años, si tú y tu pareja están en año 1 significa que su relación tiene todo el impulso para atreverse al SÍ con todo el entusiasmo. Se tienen que animar a dar ese paso adelante, a iniciar el compromiso si de eso se trata o atreverse a esa renovación total de su relación. En este año, la relación que había entre ustedes cambia por completo, por un lado, ya sea porque no se animaban a formalizar y ahora se sienten más seguros para hacerlo porque llevan años de noviazgo y se empiezan a dar las condiciones para que se casen y vivan juntos; y por otro, que tengan su primer hijo o algún proyecto profesional de alguno de ustedes que haga que su relación tenga que cambiar radicalmente.

Claro, también sucede, sobre todo en las parejas que ya tienen muchos años juntos, que después de muchos años "de estire y afloje" y temas sin resolver, decidan soltar de una vez por todas esa relación de pareja romántica que ya es insostenible, para iniciar un nuevo vínculo —sobre todo cuando hay hijos—, pero ahora con más distancia.

Cuando tú y tu pareja lleguen a este año, recuerden que es tiempo de esa renovación completa y de hacer las cosas a su manera, independientemente de las costumbres y hábitos que hayan establecido anteriormente. Las personas se renuevan, crecen, evolucionan, ¿qué caso tendría aferrarse a la vieja dinámica de su relación, y peor aún si es evidente que ya no está funcionando? Así que, si hay hábitos y creencias que tienen que soltar para avanzar, sacúdanselas, libérense de ellas y den un paso hacia adelante.

Año de pareja 2

Este año tiene la energía de la dualidad, así que es muy decisivo para que las personas que se han atrevido a iniciar una relación, se unan en una conexión más estrecha o bien, para que las parejas que se han aferrado a mantenerse unidas por dependencia o en una relación poco sana, puedan establecer acuerdos que les den paz.

Si tú y tu pareja están en un año 2 están invitados a estrechar su lazo con disposición de compañía y apoyo de ambos para encontrar el justo equilibrio que los convierta en una pareja de verdad. En este año alguno de los dos podría empezar con temas de

CAPÍTULO 9.   ¿Felices para siempre?

apego ansioso, necesidad de compañía y conexión intensa o a dejar de un lado su vida propia con tal de mantener al otro a su lado. Esta podría ser una excelente oportunidad para pedir lo que cada uno necesita y escuchar las necesidades del otro.

La idea es que encuentren ese balance en el que pueden entregarse a su relación sin perder su individualidad y su esencia, que fue en primer lugar lo que les atrajo del otro.

Año de pareja 3

Si tú y tu pareja están en año 3, este año es su oportunidad para decirse todo lo que se tienen guardado, ser más auténticos y liberarse, para sentirse más cómodos y felices entre ustedes, pero también cada uno en su propia individualidad.

Si su relación ha estado muy marcada por el deber ser o por las expectativas sociales o familiares que satisfacer, este año tienen que darse permiso de hablar desde lo más profundo de su corazón, como si fueran niños exponiendo sus sueños y deseos más hondos, pero también sus incomodidades e inconformidades. A veces sucede que en esta energía empiezan a surgir discusiones y reacciones iracundas o exageradas por situaciones cotidianas que nunca habían generado conflicto; pero cuando le escarban un poquito, se dan cuenta de que ha habido muchas cosas que se han dejado pasar con la buena intención de evitar un problema innecesario en la relación; pero a la larga se han acumulado y ahora es un cúmulo de ira contenida que ya no soporta ser retenida. Es momento de hablar, expresarse y ver las nuevas posibilidades para ustedes. Ambos merecen ser felices y vivir con libertad.

Recuerda que todo lo que sucede bajo la energía 3, tiene el propósito de liberar, fertilizar y hacer crecer lo sembrado, así que no es el momento para quedarse ni quietos ni callados, sino de aprovechar esta gran oportunidad. Este año puede ser muy fértil para ustedes si están buscando ampliar la familia. También les conviene socializar y darse permiso de divertirse más estando juntos.

Año de pareja 4

Si tú y tu pareja están en año 4, este no será precisamente el más romántico, ligero o el más divertido. Eso sí, es el que mayor solidez y estabilidad puede aportarles, aunque eso signifique que al principio tengan que poner en la mesa algunos temas determinantes.

Este año los lleva a establecer ciertos compromisos para formalizar su relación si es que están en esa etapa o para establecer y modificar ciertas actitudes, hábitos y rutinas para que su convivencia funcione mejor. Si no están bien organizados, no tienen bien claro lo que pueden esperar el uno del otro o lo que están dispuestos a dar y a tolerar en su relación, este es un momento perfecto para tener esas conversaciones de manera clara, directa y sensata.

Es un excelente año para tocar todos esos temas que a veces no nos atrevemos a poner en la mesa como los roles, el comportamiento de uno y de otro, la administración, los horarios, las responsabilidades, los planes y proyectos a futuro, etcétera, y ser lo suficientemente flexibles para validarse entre ustedes. Verán que, una vez palomeado esto, su relación fluirá mejor y con mayor certeza. Este es buen año para trámites del matrimonio, compra de casa, establecer un plan de ahorro, etcétera.

CAPÍTULO 9. .... *¿Felices para siempre?*

Año de pareja 5

El año 5, aunque es de movimientos y cambios que nos empujan a avanzar hacia un estado más gozoso de la vida, en una pareja, al principio podría traer una sensación de monotonía y aburrimiento atroz, y dar a uno, a otro o ambos, la sensación de haber llegado a un tope en donde no hay más que lo mismo de siempre. Entonces pueden venir las sorpresas.

¿Qué tipo de sorpresas? Todo depende, pero ¿recuerdas la historia de Shakira y Piqué y su ruptura repentina a causa de "la monotonía" de apellido Chía? Estaban en año 5.

No te asustes. Aunque claro que pueden darse ese tipo de sorpresas que sacan a patadas de su zona de confort a cualquier pareja, hay otras que tienen que ver con eventos más inspiradores y motivadores, como un embarazo inesperado, una oportunidad repentina y acelerada para cambiar de residencia o no tan inspirador, pero tampoco tan crítico como un aumento en sus confrontaciones, cansancio emocional y tensiones que les obligan a revisar esas rutinas y costumbres que los están estancando y empañan la diversión y la pasión entre ustedes.

La idea es que este año se sacudan un poco la solemnidad y estructura del año anterior, que a estas alturas ya les habrá servido bastante para reforzar el compromiso entre ustedes, y entonces puedan estirarse un poco para empezar a flexibilizar su convivencia. Viajen, aprendan algo juntos, practiquen algún deporte, vayan a lugares diferentes, convivan con gente distinta y verán que pronto irán reconociendo nuevas cosas que admirarse mutuamente y reavivando la curiosidad por redescubrirse. Recuerda que toda crisis, es el síntoma de que existe una oportunidad.

Año de pareja 6

También en la pareja, tras cualquier tempestad, viene la calma, sobre todo cuando han logrado superar las crisis y obstáculos, así que este año puede ser sumamente nutritivo para ustedes. Es momento de que los cambios y ajustes que hayan hecho el año anterior se empiecen a asentar y encuentren nuevamente su balance, desde un lugar completamente claro, y un vínculo que no solo se trata del amor, sino de la responsabilidad que tienen hacia ambos.

Las emociones en este año pueden sentirse un poco más intensas y sin filtro entre ustedes, y los temas que tendrán que trabajar serán alrededor de ellas, de lo que cada uno quiere o siente que merece, y lo que quiere o puede aportar en ese sentido. Así como el ambiente se puede poner muy romántico e ilusorio en su relación y esto los lleve a querer estar juntos por siempre y formar una familia o ampliarla; también podría, uno de ustedes, irse al extremo del apego con una actitud demandante, territorial y sobreprotectora que podría llegar a asfixiar al otro, que entonces se aleja y se cierra. La sugerencia es que trabajen ambos en su autoestima y en la seguridad de la relación, al mismo tiempo que abren los canales de comunicación para generar esa zona segura.

La energía 6 tiende a elevar la fertilidad y productividad, así que es buen año para embarazarse o para tomar precauciones si no está en sus planes. Las responsabilidades familiares podrían acumularse y abrumarlos, así que eviten exigirse demasiado; en cambio, sean más tolerantes y condescendientes entre ustedes.

CAPÍTULO 9. .... *¿Felices para siempre?*

Año de pareja 7

Dicen que el séptimo año es decisivo para un matrimonio y en numerología, al año 7, se le considera el año del matrimonio, que puede ser simbólico o real. Esto tiene mucho sentido porque de pronto se eleva —aún más—, la energía de seriedad y responsabilidad que hay entre ustedes, y entonces empiezan a reflexionar acerca del rumbo de su relación, independientemente del tiempo que lleven juntos. Puede ser que un día se levanten con mil preguntas en la cabeza, una sensación de insatisfacción en alguna área de la relación o simplemente la idea de que algo falta para que las cosas funcionen mejor.

Este año es una oportunidad para preguntarse lo que ambos desean y observen si lo que están obteniendo o se han ido adaptando a las circunstancias de la vida. Las situaciones y temas que surjan entre ustedes les darán pie para que revisen la responsabilidad y el rol que cada uno de ustedes ha asumido y si están a gusto con el nivel de compromiso que existe de uno y otro.

El ambiente de repente se torna decisivo. Si llevan poco tiempo juntos, tal vez se sorprendan —al igual que la gente a su alrededor— por la profundidad con la que su unión los está llevando a hacer planes a futuro, aunque parezca muy pronto. Si tienen varios años juntos, tal vez este sea el momento en el que tengan que replantearse la dirección que está tomando su convivencia, preguntarse si es la dirección en la que quieren seguir caminando o si necesitan frenar un poco para redirigirla hacia el lugar correcto para ustedes.

Con esta energía, están invitados a aterrizar su proyecto de vida y verlo con mayor compromiso y responsabilidad en general.

Eviten centrarse en sus errores y en los reproches acerca de asuntos que se supone ya están cerrados. Las decisiones que tomen en este año serán muy relevantes y, sin duda, tendrán un sentido muy profundo.

Año de pareja 8

Si tú y tu pareja están en año 8, este es un año de cosechar todo lo que han sembrado y construido juntos, y entre ustedes. Este momento clave los puede fortalecer muchísimo a través de nuevos desafíos o, mejor aún, objetivos, planes y proyectos que se les presentan como una oportunidad para crecer. Van a sentir este empoderamiento siempre y cuando sean capaces de establecer buenos acuerdos en los que ambos se sientan validados y satisfechos.

Como es un año que pretende impulsarlos a su superación y crecimiento en todos los sentidos, tal vez haya alguna que otra situación difícil que los ponga a prueba, y más que un caminar, parezca una carrera de resistencia. No se preocupen, ocúpense y procuren no enfocarse en el desafío, sino en las soluciones. Si ya llevan tiempo juntos, les puede servir mucho recordar todos los obstáculos que a estas alturas han superado y saber que son capaces de eso y más. Si tienen poco tiempo como pareja o apenas están empezando, pueden tomar estas lecciones como una manera de comprobar qué tanto desean que esta relación tenga éxito o si realmente su interés no es tanto.

La energía de este año les da esa determinación y fuerza para ser una pareja ejemplar, digna de admirarse. Si están pensando en emprender, es muy buena idea lanzarse de lleno a hacerlo bajo

CAPÍTULO 9. .... *¿Felices para siempre?*

esta energía, teniendo bien claras las funciones y beneficios de cada uno, con tal de que funcione para ambos.

Año de pareja 9

Cuando empecé con este tema, páginas atrás, te dije que mucha gente entra en pánico cuando ve que está en año de pareja 9 porque lo interpreta como que es el fin y habrá una ruptura inminente. Pero también te dije que no necesariamente ocurre eso, ya que el mensaje de un año 9 en una pareja puede ser muy constructivo y va mucho más allá de una simple ruptura, así que, especialmente, si tú y tu pareja están en año 9, te conviene poner atención.

El año 9 en una pareja indica que, sin importar el tiempo que lleven juntos, su relación, así como la han llevado hasta ahora, ya no funcionará más, porque simplemente se está cerrando un ciclo que tiene que completarse, y sí, es el fin; pero de la relación como tal, y no necesariamente de ustedes como pareja. ¿Sí me explico?

A lo que me refiero es que toda relación tiende a la evolución como todas las cosas y seres en este universo. Para ir al siguiente escalón, primero tienen que atreverse a dejar el anterior. Esto implica que se den cuenta de todos los temas repetitivos que ya no les construyen, todas las rutinas que, aunque les dieron felicidad y estabilidad, ya no les aportan igual, todas las dinámicas que implementaron y las creencias en las que las basaron, que ahora más que unirlos los están alejando o confrontando.

Puede ser un año bastante intenso por la resistencia natural que tenemos los seres humanos a soltar lo conocido, más la carga emocional de la energía 9 que eleva el nivel de drama en cualquier contexto; aunque también debería ser un año de mucha consciencia y consolidación, en el que puedan crecer muchísimo como personas y como pareja. Están listos para el siguiente nivel, ¿recuerdas?

Obvio, si alguno de ustedes o los dos, se aferran al pasado y no logran dejar atrás viejas heridas, roles y rutinas que les complican la convivencia, lo más probable es que esta energía sí los lleve a una separación, pues también recuerda que la vida nos tiende a quitar todo lo que se interpone en el flujo natural de evolución.

Todo este año es de revisión, observación, integración de aprendizajes y decisiones. Habrá temas que creían cerrados y se les vuelvan a presentar para que vean si en verdad dieron vuelta a la página o tienen que volver a tocarlos, y habrá algunos otros que se presenten como oportunidades para dar un salto, que los entusiasmen y los hagan transformarse de un jalón o al contrario, que los hagan sentarse frente a frente para definir cuál es el siguiente paso que su relación está pidiendo y si están dispuestos a darlo o no.

Lo bueno de este año, es que pone los reflectores sobre ustedes, lo malo es... Lo mismo. Sea como sea que "se noten" y sean reconocidos, su relación será todo un tema de conversación.

Año de pareja 11

El año de pareja 2 podría venir de un número maestro 11, y cuando es así, la diferencia tiene que ver con que su relación les está pidiendo ser completamente transparentes y conectarse a otro nivel, mucho más profundo y a la vez, mucho más elevado.

CAPÍTULO 9. .... ¿Felices para siempre?

Por supuesto que para eso tienen que aprender a equilibrarse y ser una pareja, apoyarse y acompañarse con un vínculo y apego sano; pero lo que más importa es que lo hagan desde una consciencia total de cada uno de ustedes en su calidad de seres humanos capaces de amar y crecer como personas; siendo imperfectos, vulnerables y expuestos a cometer errores.

Este año, con tal de probarlos e invitarlos a estrechar su vínculo, podría sacar a la luz muchos temas que no han querido poner en la mesa y tal vez han estado tratando de evadir. El propósito de toda la luz que reciba su relación en este año es que dejen de idealizarse entre ustedes y a su relación, y empiecen a conocerse con una comunicación real en lugar de seguir asumiendo que saben todo del otro. Si deciden permanecer en la fantasía, puede ser un año de gran desconexión e individualismo, pero si fluyen con esta energía verán cómo su lazo trascenderá los límites de su conexión física, mental y emocional.

Año de pareja 22

La diferencia entre un año de pareja 4 y uno que contiene la energía maestra 22, tiene que ver con la profundidad de las lecciones de estabilidad que puedan enfrentar, y la magnitud de las oportunidades de empoderamiento y reconstrucción que se les presenten.

Si tú y tu pareja sienten que la relación se tambalea y que el piso que antes sentían estable, ya no se siente igual, es necesario que revisen las bases de su relación e identifiquen cómo esas piezas, argumentos, creencias y dinámicas que los han sostenido hasta ahora, podrían mejorar o reformarse radicalmente, con tal de que recuperen esa solidez.

Si lo que sienten es agobio por todas las oportunidades que están llegando y no saben qué decidir y qué dirección tomar, entonces revisen sus bases y evalúen su nivel de compromiso y la fuerza de su unión. Lo importante es que esta lección maestra sea trascendental; vivirla paso a paso tal y como lo pide la energía 4, con orden, compromiso, disciplina y constancia; pero sobre todo con la consciencia de que para ser indestructibles y superarse a pasos agigantados, solo necesitan creer en ustedes y en la fuerza de su unión.

Año de pareja 33

Así como en un año de pareja 6, la energía maestra 33 tiene que ver con lecciones para que logren encontrar un balance en su relación, equilibrar sus emociones y el estilo de apego entre ustedes, con el plus de que la consolidación emocional que obtengan podría ser muy trascendental.

Más allá de los temas que cualquier pareja enfrenta tratando de lograr lo anterior y que tienen que ver con establecer los límites sanos, los acuerdos de convivencia, de confianza, etcétera, este año tal vez requiera de ustedes un mayor nivel de compasión y comprensión. La idea es que se den cuenta de que —aunque suene supercursi—, su amor es más fuerte de lo que pensaban, aun cuando esto signifique situaciones en las que tienen que soltarse o alejarse de manera temporal por circunstancias ajenas a ustedes, construir su autonomía por separado; pero sabiendo que su amor puede trascender y superar cualquier situación.

En este año, como en cualquier año maestro, las probabilidades de matrimonio, embarazo o el nacimiento de un hijo, se elevan

CAPÍTULO 9. .... *¿Felices para siempre?*

muchísimo, porque recuerda que se suma el factor trascendencia. O sea, lo que pase en estos años, llevará su relación a un nivel más allá de lo terrenal.

Mi intención con todo lo que te he contado en este capítulo es que la próxima vez que pienses en una futura o actual relación, tu pregunta no sea si tú y tu pareja están hechos para funcionar o no; sino qué es lo que pueden aprender el uno del otro y de qué manera podrían funcionar mejor, y así, aunque no se trate de evitar la incomodidad —necesaria para crecer—, sí puedas evitarte las obsesiones y el sufrimiento sin sentido. También podrías ser consciente de que así como tenemos un ciclo de evolución y tenemos bien marcadas las fases para iniciar, solidificar y transformarnos; soltar nuestras relaciones también tienen su propio ciclo, y éste, tiene un propósito igual de bondadoso y conveniente para lo que nuestra alma se ha propuesto en esta vida, evolucionar y hacer lo que nos corresponde para ayudar a otros en su propia evolución.

Por otra parte, así como mis intenciones con la numerología de repente se volvieron demasiado serias y me he clavado con todo ese rollo de los aprendizajes para comprender el propósito de lo que sucede en nuestra vida y el papel de las personas con las que coincidimos, es momento de reconocer y confesar abiertamente que aún gozo muchísimo al compartir ciertos temas de este conocimiento, desde esa mirada esotérica capaz de generar tanto misterio, que roza el morbo.

Poner en la mesa esos temas que causan polémica, pero que para muchos —sobre todo quienes están despertando de ideas religiosas restrictivas— podría ser un placer culposo, para mí es un placer gustoso. Ya verás a qué me refiero, en el siguiente capítulo.

Capítulo 10

El dato ~~morboso~~ misterioso de la numerología

EL KARMA Y LA HERRAMIENTA DE VIDAS PASADAS

Disclaimer: soy consciente de que los temas que vienen a continuación son mucho más profundos y serios que la manera en que te los voy a presentar.

Estuve dándole muchas vueltas a la idea de incluirlos o no en este libro porque, por una parte, son superinteresantes y dignos de difundir, ya que, abordándolos de una manera profesional, correcta y, sobre todo, profunda, pueden ser la respuesta a muchos enigmas de nuestra vida terrenal actual. Por otra parte, es obvio que dedicarles solo un breve capítulo al final de un libro, que se supone que es totalmente práctico, podría considerarse ofensivo para los expertos —que han dedicado décadas de su vida a estudiarlos— y para quienes se interesan profundamente en el tema, más allá de la numerología.

Me considero una gran fan y curiosa de ellos, y aunque ahora mismo no soy experta, tengo la intención de serlo cuando llegue el momento adecuado. Por lo pronto y para la ocasión que me propicia este libro, te contaré de ellos con fines meramente de entretenimiento. Así que mis disculpas de antemano al doctor Brian Weiss, y a los budistas e hinduistas que son los expertos en vidas pasadas, reencarnación y karma.

Tú, por lo pronto, ponte cómoda —o cómodo—, porque el número de karma y el de las vidas pasadas son por excelencia los que despiertan la curiosidad, viralizan posts y abren conversación hasta en los medios más cerrados. A mí me sirvieron muchísimo, por ejemplo, para detectar a mentes inquietas y en busca de respuestas, como la mía. Como te decía: para muchos un placer culposo, para mí, un placer demasiado gustoso.

Ya sabes que en numerología, además de los números de tu nombre, hay como otros veinticinco que se pueden obtener y analizar de tu fecha de nacimiento. Algunos pueden ser más compli-

CAPÍTULO 10. *El dato morboso misterioso de la numerología*

cados de identificar; pero dentro de los que se detectan con facilidad están el número del karma y el de las vidas pasadas.

Bien fácil: tu número del karma te lo dice tu mes nacimiento y el de tus aprendizajes de vidas pasadas, tu año de nacimiento. Al número del karma también se le conoce como "la herida" y al de vidas pasadas como "la herramienta".

Empiezo con el del karma, aclarando que, en numerología, este número no tiene que ver, para nada, con ese concepto de karma como un castigo por algo atroz que cometiste en tu pasado o vidas anteriores, y que ahora vienes a pagar y sufrir en carne propia con mayor intensidad. El karma, en numerología, se refiere a todo eso que, por miedo, desidia o cualquier otra razón, no fuiste capaz de completar en tu vida pasada, y se te quedó instalado en el alma como una tarea pendiente.

Esta tarea pendiente se siente como una herida que aparentemente no molesta, pero está latente y pareciera que se hace evidente cuando te planteas un desafío acerca del tema que señala ese karma. Lo bueno es que, en teoría, la vida te permite sanar esta "deuda" durante la primera etapa de tu vida; o sea, desde que naces y hasta tu madurez energética que te conté en el capítulo de los años personales. No quiero enredarte, mejor checa de qué se trata el tuyo.

Como te dije, el número del karma lo identificas en tu mes de nacimiento y, como en todos los cálculos anteriores, haciendo la reducción cuando aplique. Pero mejor ser práctica y te lo pongo mes por mes.

- **Enero.** Tu karma 1, indica que te faltó trabajar tu autoconfianza y seguridad. Te dejaste vencer por tu ego y no te

CUENTA CON EL UNIVERSO

atreviste a ser tú al 100 %. Lo que te sucede ahora, es que pasas de la seguridad a la inseguridad de un momento a otro, y sientes que te ha costado mucho trabajo hacer algo distinto y lograr las cosas por ti, aunque no sea la realidad. Este karma también indica que tienes que dejar de intelectualizar todo, hasta tus emociones. ¡Atrévete a sentir!

- **Febrero.** Tu karma 2, indica que lo que no pudiste lograr fue sentirte integrado y aceptado por la gente a tu alrededor. Te faltó confiar en ti y en los demás, y por eso ahora muchas veces sientes esa desconexión o paranoia como de rechazo. Otro *temita* que dejaste inconcluso tiene que ver con tu manera de decir las cosas, con muchos rodeos a veces y otras con exceso de franqueza y sin tacto.

- **Marzo.** Tu karma 3, indica que te quedaste con las ganas de decir muchas cosas y a mucha gente y en general te faltó expresarte. Ahora el problema es que tu tendencia kármica es que le restes relevancia a lo que necesitas comunicar, y eso hace que se acumule en ti la ira, y en un mal día podrías estallar y "sálvese quien pueda". También te faltó trabajar el compromiso y la responsabilidad de un adulto, podrías comportarte de manera infantil y superficial. Ahora tal vez te ha costado madurar, defender tus deseos y enfrentar tus problemas.

- **Abril.** Tu karma 4, dice que en tu vida pasada pudo más la pereza que tu fuerza de voluntad. No lograste aprender el

CAPÍTULO 10.......... *El dato morboso misterioso de la numerología*

esfuerzo, te faltó trabajar con disciplina y perseverancia, por lo tanto, no lograste la estabilidad y solidez que necesitabas en tu vida, mucho menos ofrecérsela a alguien más. Ahora, muchas veces sientes que la vida se pone pesada y sientes como si avanzaras arrastrando una roca detrás de ti. El secreto es poner un pie delante de otro, seguir caminando a buen ritmo, con paciencia y persistencia.

- *Mayo.* Tu karma 5, pone en evidencia esa repentina cobardía que te abruma de repente cuando se trata de confrontar las estructuras familiares y sociales, pues lo que te faltó en tu encarnación anterior fue atreverte a romper las reglas y defender tus propias ideas y maneras de hacer las cosas. A veces puedes ser bastante terca o terco con tus ideas y eso habla mucho de los miedos que te hicieron aferrarte a lo conocido en otras vidas. Dejar tu hogar de origen desde joven y viajar, te ayudará mucho a fortalecer tu valentía y capacidad de adaptación.

- *Junio.* Tu karma 6, indica que tus relaciones familiares no fueron precisamente las más sanas y equilibradas en tu vida pasada, podría ser por un apego castrante y tóxico o por haber mostrado indiferencia y desapego total. Te faltó encontrar un balance para lograr integrar a tu familia, así que en esta vida podrías enfrentar algunas situaciones incómodas en ese aspecto, como que tengas una familia muy absorbente que no sientes que te acepta tal como eres y te quiere controlar o tal vez seas tú quien pretenda

CUENTA CON EL UNIVERSO

ejercer mucho control sobre ellos. Sea como sea, procura sanar tus heridas de rechazo y fortalece tu amor propio para no afectar tus relaciones personales en esta encarnación.

- *Julio.* Tu karma 7, habla de que en tu encarnación pasada no lograste aprender de tus errores ni pudiste desarrollar la suficiente consciencia y estructura para vivir una vida con verdadera sabiduría. Quizás excediste tu impulsividad al actuar o lo hiciste con falta de prudencia y sentido común, optaste por evadir la responsabilidad de trabajar en ti y te hiciste cargo de todos menos de lo que te correspondía. Es probable que ahora sientas un impulso por sentirte culpable de manera constante, como si cargaras con algo que te agobia y no sabes bien qué es. Necesitas conectar contigo y recuperar la fe en ti para evitar injusticias.

- *Agosto.* Este karma 8, indica que no tuviste la suficiente ambición para lograr lo que te proponías, superar los obstáculos que se suponía que te ayudarían a crecer y generar tus propios recursos materiales. Es probable que en esta vida de repente sientas ese impulso por esperar o exigir a los demás que hagan las cosas por ti, para ahorrarte el esfuerzo y tu miedo al fracaso. Es importante que te repitas con frecuencia que eres capaz de lograr todos tus objetivos, que mereces soñar en grande y no conformarte con lo que los demás puedan o quieran darte.

CAPÍTULO 10.......... *El dato morboso misterioso de la numerología*

- **Septiembre.** Tu karma 9, dice que te dejaste vencer por la timidez y el miedo a ocupar un lugar de notoriedad y reconocimiento. Preferiste apagar tu brillo y pasar desapercibido por temor a los juicios o invalidaciones de los demás. Rechazaste a la gente que te rodeaba y eso hizo que también te rechazaran. Ahora tienes que poner atención a los sentimientos de rencor y venganza que de pronto pueden surgir dentro de ti, aunque parezca que no tienes motivos para sentirlos. Debes generar sentimientos positivos que te conecten con los demás, como la empatía, la compasión y la generosidad.

- **Octubre.** Tu karma es 1, ya que como octubre es el décimo mes tienes que sumar 1 + 0 = 1. Así que el significado es igual que el de enero, pero potencializado. Sí, también te faltó trabajar en tu autoconfianza y adquirir seguridad en ti, pero al extremo. Además de las dudas e inseguridades constantes que puedes sentir cuando estás a punto de lanzarte a algún proyecto, relación, idea, etcétera, en ti podría haber mucha ambivalencia. Piensas demasiado, así que primero quieres algo y después quieres todo lo contrario. Necesitas aprender a tomar tus propias decisiones para evitar que los demás las sigan tomando por ti.

- **Noviembre.** Tu karma es 11, y el 11 no se reduce, así que tiene que ver con una tarea de trascendencia que no lograste completar. Además de que no supiste establecer vínculos profundos y honestos, y esto pudo significar una vida en soledad y desconexión; también evitaste hacer contacto contigo y tu sabiduría natural. Todo el conocimiento y la inspiración que se suponía que tenías que entregar, te la guardaste y evitaste compartirla. Ahora puedes tener algún poder de intuición o clariconsciencia que debes aceptar para ser ese canal de respuestas en esta vida.

- ***Diciembre.*** Tu karma es 3 porque 1 + 2 = 3. El tema con este karma, que abarca todo lo que te dije de marzo en cuanto a expresión y falta de compromiso, es además que toda esa falta de comunicación te afectó muchísimo en tu desarrollo y en tus relaciones y vínculos personales. Como no te permitiste expresar tus ideas y creatividad, no lograste destacar y permaneciste a la sombra de alguien más. Ahora tienes que permitirte poner límites, cortar cadenas y brillar con tu propia luz.

Con todos estos reproches y cosas horribles que te dice el karma, de repente parece como que la numerología insiste en señalarte tus errores y ponerte pruebas difíciles; o sea, joderte cuando mejor te la estés pasando. Pero calma, que tal vez es solo el efecto de leerlos así, karma tras karma, sin tomar en cuenta que, por fortuna, de todos esos, solo nos jode uno.

Además, como todo tiende al equilibrio y la numerología no es la excepción, el otro número que te decía, *el de la vida pasada*, está para señalarte lo que sí trabajaste, lo que sí aprendiste y las fortalezas que ahora tienes para echarle montón a tu karma y ayudarte a saldar esa deuda pendiente de la mejor manera.

CAPÍTULO 10.......... *El dato misterioso de la numerología*

Otra vez vamos a sumar, pero ahora sumaremos los dígitos del año en el que naciste para identificar tu número de vida pasada. Solo se trata de hacer la reducción.

Por ejemplo:

Si naciste en 1988 sumas:

$$1 + 9 + 8 + 8 = 26$$

Vuelves a sumar:

$$2 + 6 = 8$$

Tu número de vida pasada es 8.

Por cierto, que aquí también puedes toparte con números maestros. Como ya sabes identificarlos, me ahorro la explicación.

Aclaro algo que se presta a muchísima confusión: ese número, en este caso el 8, no indica que has vivido 8 vidas, ¡no! Nada que ver. De hecho, los estudios e investigaciones hablan de que hemos vivido muchísimas vidas, ¡más de 100! Pero bueno, ese ahorita no es el tema. Lo que es importante que sepas es que el 8, lo que representa es la lección que mejor aprendiste y qué tipo de herramienta adquiriste para aplicarla y ayudarte en esta vida, sobre todo con el karma.

Además, una de las revelaciones que más me gusta de este número, es la de indicarte el tipo de oportunidades que se abren para ti cada año para que puedas seguir fortaleciéndote con esa

CUENTA CON EL UNIVERSO

herramienta. Eso te lo explico bien más adelante, con algunas dudas que estoy segura te van a surgir. Por lo pronto, calcula tu número del karma sumando los dígitos de tu año de nacimiento y haciendo la reducción a un solo dígito para que identifiques su significado a continuación. ¿Ya?

- ***Vida pasada 1.*** En tu vida pasada demostraste liderazgo y valentía para abrir nuevos caminos. Ahora, tu independencia y agilidad mental te van a ayudar a resolver cualquier problema. Cada año la vida te pone oportunidades para empezar cosas nuevas, reforzar tu seguridad y seguir avanzando.

- ***Vida pasada 2.*** En tu vida pasada fuiste un gran conciliador y lograste llevar paz a situaciones en conflicto. Ahora, tu capacidad para escuchar y apoyar a los demás te abrirá muchas puertas. Cada año la vida te ofrece la oportunidad de equilibrar tus relaciones y te da un período de mucha suerte para que todo lo que pidas te sea dado siempre que lo sepas apreciar y agradecer.

- ***Vida pasada 3.*** En tu vida pasada fuiste un gran comunicador, activista, actor o actriz que llevó alegría y optimismo a muchas personas. Ahora tu creatividad, imaginación y carisma te abrirán muchas puertas. Cada año la vida te invita a generar nuevas ideas y posibilidades, a ampliar tu círculo social para diversificar tus actividades y que logres todos tus sueños con abundancia y felicidad.

CAPÍTULO 10.......... *El dato morboso misterioso de la numerología*

- ***Vida pasada 4.*** En tu vida pasada fuiste un trabajador muy entregado y disciplinado. Aprendiste a ser constante y perseverante para vencer las adversidades. Ahora tus obstáculos desaparecen cuando te propones en acción y actúas con fuerza de voluntad. Cada año la vida te da oportunidades para aterrizar y activar proyectos que solidifican tu estabilidad.

- ***Vida pasada 5.*** En tu vida pasada fuiste un revolucionario, rebelde y progresista. Supiste liberarte y destruir estructuras obsoletas que te sometían a ti y a las personas de tu comunidad. Ahora se pone a prueba tu pasión por la vida y cada año te ofrece cambios, viajes y oportunidades para transformar por completo tu realidad y seguir progresando.

- ***Vida pasada 6.*** En tu vida pasada te entregaste a la sanación, chamanismo o la religión para ofrecer cobijo y esperanza a las personas que lo necesitaban. Ahora tienes el don de sanar con las manos, la palabra y tu simple presencia es capaz de armonizar cualquier ambiente. Cada año la vida te da la oportunidad de ampliar tus redes de apoyo, estar más cerca de tu familia y generar mucha abundancia a través de tu actitud responsable y productiva.

- ***Vida pasada 7.*** En tu vida pasada cultivaste tu mente y espíritu a través de la investigación, adquisición de conocimientos, la búsqueda de la verdad y tu sabiduría interior. Ahora, actuar con consciencia, responsabilidad y fe, te

CUENTA CON EL UNIVERSO

abrirán muchas puertas para enfocarte en tus proyectos y hacerlos realidad. Cada año la vida te pondrá oportunidades para seguirte perfeccionando, guiar a otros con tu ejemplo, reestructurar tus planes y conectar con tu espiritualidad.

- **Vida pasada 8.** En tu vida pasada fuiste un gran visionario, comerciante o persona de negocios. Lograste superar cualquier obstáculo para obtener lo que te propusiste. Ahora, con esa misma tenacidad y enfoque en tus objetivos, podrás superar cualquier desafío y lograr el éxito en todos los aspectos, sobre todo el financiero. Cada año la vida te abre oportunidades para emprender o dirigir algún proyecto importante, aumentar tus finanzas y sentir la satisfacción por tus logros.

- **Vida pasada 9.** En tu vida pasada fuiste un gran dirigente y reformador, quien luchó por una causa solidaria en favor de una comunidad. Eso te puso en escenarios de fama y poder, donde obtuviste mucha atención. Ahora lo que te abrirá muchas puertas será tu generosidad e influencia en los demás. Cada año la vida te llenará de idealismo y generosidad, y podrás destacar y recibir gran reconocimiento por tu buen trabajo y acciones.

- **Vida pasada 11.** En tu vida pasada fuiste un gran sabio, gurú o canalizador. Tu sabiduría fue tomada como una filosofía de vida que generó consciencia y ayudó a mucha

CAPÍTULO 10. *El dato morboso misterioso de la numerología*

gente. Ahora tu intuición te guía a tomar decisiones, y la templanza te ayudará a enfrentar cualquier situación. Cada año la vida te invita a superarte personal y profesionalmente, para ser visto como una autoridad en tu tema y dejar tu huella en el alma de otras personas.

- **Vida pasada 22**. En tu vida pasada tuviste un gran poder de construcción y materialización. También generaste sistemas y proyectos que beneficiaron a la humanidad. En esta vida tienes la habilidad para soñar en grande y la creatividad para encontrar soluciones precisas y prácticas para materializar esos sueños. Cada año, la vida te despierta ese idealismo y deseos de trascendencia a través de algún proyecto ambicioso y generoso, te conecta con personas que te inspiran a hacerlo y con quienes tienen el poder de ponerlo en marcha. Pero debes estar muy consciente de no caer en las tentaciones de la codicia y la falta de escrúpulos. Haz lo correcto.

Aquí las dos preguntas que siempre surgen de este tema:

- ¿Y la vida pasada 33? Pues no hay, porque no hay ningún año que al sumar sus dígitos, dé 33.
- ¿Y si tengo el mismo número de karma y de vida pasada? ¡Ah! *Pues ya vas de gane* porque entonces tu herramienta (vida pasada) está compensando tu herida (karma), y como la vida, cada año, te presenta oportunidades para reforzar esa herramienta, los efectos de tu karma se su-

peran en tus primeros años de vida. Eso te permite vivir con bastante ligereza en el tema en cuestión cuando llegas a la madurez energética.

Recuerdo que mi video de las vidas pasadas fue el que se mega viralizó en TikTok, y luego otro poco en Instagram. Ahí fue donde entendí que en realidad somos muchos a los que nos interesa el tema.

Lo que me sorprendió más, fue que muchas personas comentaron que se vieron muy reflejadas en ese número porque, por una parte, sentían ese impulso o poder, como si fuera una memoria de alma un poco desdibujada; y por otra, no se sentían del todo capaces de expresarlo en esta vida. Entonces, esos significados cortitos en los videos de menos de 30 segundos, les ayudaron a confirmar que no estaban locos al sentirse así, sobre todo en ciertos períodos del año.

Esto tiene una explicación porque la memoria de vidas pasadas no se supone que la tengamos consciente y constante todo el tiempo. Creo que si así fuera, podría generar confusión con nuestra misión actual. Así que muy inteligente y buena onda la vida, como siempre, lo que hace es que a partir de nuestro cumpleaños y durante los siguientes 4 meses nos activa esas memorias y empieza a enviar un *bonche* de oportunidades y situaciones que nos ayudan a reconectarnos con esa energía de nuestros logros de vidas pasadas.

Lo que sucede entonces es que, por ejemplo, a María González, cuyo año de nacimiento 1992 indica que su número de vida pasada es 3, se le activaría esta energía el día de su cumpleaños; o sea, el 21 de enero y se mantendría así los siguientes cuatro meses; es decir, hasta el 21 de mayo.

CAPÍTULO 10......... *El dato ~~morboso~~ misterioso de la numerología*

Esto implicaría que en ese tiempo a María le empezaran a llegar oportunidades para diversificarse, probar nuevos hobbies, viajar por placer con familia o amigos, recibir más invitaciones para eventos sociales, etcétera. Entonces, atreverse a hacer todo esto y darse permiso de disfrutarlo, la conectaría con su memoria de vidas pasadas, y a partir de ahí empezarían a abrirse, de manera natural, muchas puertas y posibilidades para vivir más feliz.

Si María es consciente o no de esa energía que se activa para ella en ese momento, no influye o impide que se presenten esas situaciones, pero al hacerse consciente y tener en el radar esta energía y saber de qué se trata, sí eleva muchísimo las probabilidades de que se sienta segura y confiada para explorar todas estas oportunidades y obtenga los beneficios más fácil.

Recuerdo que Liliana, una amiga de mi mamá que estudiaba PNL, Gestalt, hipnosis, numerología y otras herramientas, me agarraba de conejillo de indias para hacer sus prácticas. Yo me sentía como en Disneylandia, recibiendo consultas y terapias gratis, porque además, la mujer es muy sabia y me cae *requetebién*. Creo que yo tenía como diecinueve años cuando en una de nuestras sesiones me dijo que a mí siempre me iba mejor en cuanto a logros y economía en la segunda mitad del año. Hice memoria unos segundos y fue toda una revelación porque descubrí que, efectivamente, siempre me habían llegado buenas oportunidades para crecer y superarme en todos los aspectos, incluido el financiero, durante la segunda mitad del año.

En ese momento solo respondí que era cierto y quedé tan clavada en seguir corroborando esa revelación con mi memoria, que ya ni le pregunté cómo lo supo. Sucede que mi número de

CUENTA CON EL UNIVERSO

vida pasada es 8, y yo cumplo años en junio, sí, muy cerca de la mitad del año. De adulta, aunque nunca he sido de celebrar mis cumpleaños a lo grande, ni de fiestas multitudinarias como las que me hacía mi mamá en la primaria, cumplir años sí me genera una alegría muy profunda. Pero estoy consciente de que la emoción que me genera no tiene que ver tanto con el día ni los festejos de cumple, sino con ese entusiasmo del *boost* que adquiere mi vida en ese momento, que me hace sentir superpoderosa y ¡capaz de lograrlo todo!

No tengo certeza de que ese haya sido el dato con el que Liliana observó eso en mí, pero no me sorprendería en absoluto si lo fuera. Ahora, verlo de manera tan evidente en mi numerología, me ayuda no solo a prepararme mentalmente para permitir que se encienda ese chip y dar la bienvenida a esas memorias inconscientes de mi vida pasada, también a actuar desde el poder y la confianza de saber que "si ya lo logré antes, lo puedo lograr ahora".

Esa es la invitación de toda esta información que, por lo visto, se volvió un poco más profunda que el enfoque *light* y lúdico que tenía planeado darle. A este mundo no has llegado en blanco, ni para bien, ni para mal. Sí, tienes una gran lista de temas que resolver, pero también cuentas con una enorme caja de herramientas y sabiduría que, si sabes reconocer y validar, te facilitarán la vida como no tienes idea.

La información está en tus manos y puedes usarla como tú quieras, total, como dato curioso *pa'l chacoteo* de reunión dominguera, como charla profunda de sobremesa o para generar debate entre amigos —como lo hace mi hija de 7 años en la escuela—, siempre será buen tema de conversación.

CAPÍTULO 10......... *El dato morboso misterioso de la numerología*

Si le haces como yo, que lanzaba estos temas como anzuelo para ver quién lo mordía con más ganas y le brillaban los ojos de curiosidad, entonces, querida, querido, tira sin miedo porque habrás identificado a un miembro más de esta comunidad de almas con hambre de conocimiento, sabiduría y verdad.

Con eso te puedes quedar por el momento, siempre y cuando recuerdes que hay mucho más.

CONCLUSIÓN

Hay números por todas partes. Yo los veo, los escucho, los pienso, los analizo o simplemente, los percibo. Al principio, al conocer a alguien era inevitable tratar de identificar sus números principales, aunque no tuviera idea de su fecha de nacimiento y mi cabeza, por más que lo intentara, no fuera tan veloz para identificar la vibración de su nombre.

Cuando algún famoso o alguien a quien sigo en redes, hacía público su cumpleaños, mi mente empezaba a relacionar su energía con su imagen, su actitud, su manera de comunicarse, el momento que estaba atravesando y procuraba imaginar y empatizar con esa parte incómoda que, por lo general, no se muestra y solo sucede tras bambalinas.

A quienes descubren la numerología y se conectan con ella, les empieza a pasar lo mismo. Yo creo que es algo natural y parte del proceso, así que a partir de ahora, tal vez ¡te empiece a pasar a ti!

Mi sugerencia es que, si sientes esa conexión con ella, permitas que se vuelva protagonista por un tiempo. Sigue investigando, leyendo, aprendiendo. Ponla en práctica, cuestiónala y si te da la gana compártela. Cuando llegue el día —porque va a llegar— en el que te des cuenta de que ya está integrada en ti, entonces tómala como es: una aliada, un lenguaje, una herramienta, sistema o como tú quieras llamarle, con esa sabiduría a la que puedes acceder cada vez que necesites encontrar respuestas para darle calma a tu mente y paz a tu corazón.

Al fin y al cabo, el propósito de la numerología, además de guiar a tu alma hacia su evolución en esta encarnación, es recordarte, de forma constante y ante cualquier circunstancia, que la vida es buena.

AGRADECIMIENTOS

Siento una expansión en mi pecho tan lleno de gratitud que me brota por los poros, los ojos y la sonrisa en este momento. Hay tanto que agradecer y tan pocas palabras disponibles para expresarlo… Haré mi mejor esfuerzo.

Gracias:

A ti, Diego, por ser mi primera gran motivación, mi maestro desde chiquito, por tu ligera y disfrutable compañía y por ser testigo de mi transformación.

A ti, Carolina, porque tu existencia me motiva a comprometerme con todas mis fuerzas a alcanzar mis sueños y, al hacerlo, recordarte que siempre podrás elegir tu camino.

Gracias mami, por ver mucho más en mí de lo que yo he sido capaz de reconocer, por apoyarme tanto, en todo, siempre, de todas las maneras posibles. Tú eres mi Pilar.

CUENTA CON EL UNIVERSO

Dicen que las almas elegimos a nuestros papás para venir a la tierra. Apuesto cualquier cosa a que yo elegí a mi hermana. Gracias Dunny, te elegiría en todas mis vidas.

Gracias Peyo, por ser esa evidencia y ese recordatorio constante en nuestra familia de que los sueños requieren convicción, disciplina, alegría y bondad en el corazón.

Papi, siempre tuviste razón, salí muy buena pa' los números (aunque fueran estos otros números). Gracias por insistir.

Toño, Fer, Nancy, Carla, Mary Jose, Lucy, Erika, gracias por ser la red de apoyo que me permitió darme un respiro cuando lo necesitaba, y por ayudarme a generar los espacios, tiempos y condiciones que la gestación de este libro me requirió.

JP, Muffin, mis más leales, silenciosos y peludos acompañantes en la escritura de cada página de este libro. Gracias.

Gracias, Marty Halley, por tu gran generosidad, apoyo y guía tremendamente profesionales, pero sobre todo, por el entusiasmo con el que creíste en mí y en mi capacidad para hacer realidad este sueño.

Gracias, César Ramos, por tu entusiasmo, tu tiempo, tu gran experiencia y conocimientos, tu paciencia y *buena-ondez*, para hacer que este libro lograra ver la luz.

A ti, que eres parte de mi comunidad en redes sociales, me sigues, aprecias, das like, comentas y compartes mis publicaciones, ¡gracias! Porque la oportunidad de hacer este libro se abrió también gracias a ti.

Y gracias a la vida que me trajo aquí, ahora.

Escanea este código QR para ver más contenido en mi cuenta de Instagram

Esta obra se terminó de imprimir
en el mes de enero de 2025,
en los talleres de Diversidad Gráfica S.A. de C.V.
Ciudad de México